Claudia Petter-Messar

Das Licht der Geistigen Welt

Claudia Petter-Messar

Das Licht der Geistigen Welt

Der Weg zu Lichtwesen und Geistführern

Trainerverlag

Imprint

Any brand names and product names mentioned in this book are subject to trademark, brand or patent protection and are trademarks or registered trademarks of their respective holders. The use of brand names, product names, common names, trade names, product descriptions etc. even without a particular marking in this work is in no way to be construed to mean that such names may be regarded as unrestricted in respect of trademark and brand protection legislation and could thus be used by anyone.

Cover image: Vom Autor bereitgestellt

Publisher:
Der Trainerverlag
is a trademark of
Dodo Books Indian Ocean Ltd. and OmniScriptum S.R.L publishing group

120 High Road, East Finchley, London, N2 9ED, United Kingdom
Str. Armeneasca 28/1, office 1, Chisinau MD-2012, Republic of Moldova, Europe
Managing Directors: Ieva Konstantinova, Victoria Ursu
info@omniscriptum.com

Printed at: see last page
ISBN: 978-3-8417-5967-2

Claudia Petter-Messar

Das Licht der Geistigen Welt

Wer sind sie, die Lichtwesen und Geistführer?
Eine Reise in die Geistige Welt mit Informationen,
Meditationen und Übungen.

Inhaltsverzeichnis

«Wer sind wir, um zu behaupten, dass der Planet Erde uns gehört?
Wir, die wir die jüngste Spezies auf dem Planeten Erde sind, beanspruchen alles als unseren Besitz und vergessen dabei, wie zerbrechlich wir
sind. Mutter Erde in ihrer Güte behütet uns immer noch, da wir die Mittler
der Materie und der feinstofflichen Ebene sind.»

Einführung

Alles was ist, ist ein Teil der Ganzheit. Die Ganzheit bedeutet, dass alles in Verbindung ist, dass alles eins ist, denn das was du bist, bin auch ich, das was oben ist, ist auch unten, das was aussen ist, ist auch innen. Diese kosmische Gesetzmässigkeit beschreibt eines der Prinzipien des Lebens.

So gesehen sind wir Materie und Feinstofflichkeit gleichzeitig.
Die sichtbare Welt ist eins mit der nicht sichtbaren Welt. Wir Menschen vergessen immer wieder, dass diese Ebenen eins sind und nicht nur die Ebene der Materie existiert.
Mit diesem Wissen verstehen wir, dass es mehr gibt als die Materie. Es existieren Welten, die in unserer Wahrnehmung nicht erfassbar sind. Wenn wir die Feinstofflichen- und Lichtwelten nicht als Teil unserer Existenz betrachten, befördern wir uns in eine Form der Einsamkeit.

Verbinden wir diese Ebenen in uns, begeben wir uns mit unserem Sein in die Ganzheit und in der Ganzheit gesunden wir. Denn diese Verbindung ist in Resonanz mit all unseren Ebenen – der Körperebene, der Emotionalebene, der Gedankenebene, der energetischen Ebene und schlussendlich der Geist- und der Seelenebene. Bringen wir unsere Ebenen in Balance und zum Schwingen, zeigt sich unser inneres Licht.
Wir sind Licht, vielleicht Licht, dass erst lernen und verstehen muss, dass es Licht ist.

Dieses Buch soll ein Portal in die Welt der Lichtwesen öffnen, die uns tagtäglich begleiten, behüten und unterstützen. Eine Welt, die vielen Menschen Angst macht und immer wieder abgelehnt und belächelt wird. Und doch, es ist eine Welt die wahr ist. Lichtwesen sind als Begleiter und Führer mit uns und unter uns. Sie hüten uns auf dem Weg durch die Materie und gleichzeitig beschützen sie unseren Planeten, der ein Zuhause einer Vielfalt von Lebewesen ist, materiellen und feinstofflichen.

So soll dieses Buch der Geistigen Welt gewidmet sein.

Der Anfang

oder der Beginn einer grossen Liebe zur Geistigen Welt

Als ich angefangen habe, mich mit der Geistigen Welt zu beschäftigen, tauchte natürlich auch das Thema Geistführer auf. Und so versuchte ich meinen Geistführer zu finden und zu erkennen. Es brauchte viel Geduld und Meditation, bis sich ein junger Mann in einer braunen Mönchskutte mit Kapuze zeigte. Über all die vielen Jahre meines spirituellen Weges habe ich aber nie sein Gesicht sehen dürfen.

Meine ersten Kontaktversuche mit ihm waren schriftlich. Ich trainierte damals meine Hand als Kanal zur Verfügung zu stellen, um Schriftliches zu erhalten. Meistens war alles unleserlich, aber mit meinem Geistführer klappte es recht gut. Ich erhielt viele Informationen und Antworten auf Fragen. Es entstand eine sehr intensive Freundschaft zu meinem Geistführer und ich konnte mir nicht vorstellen, dass er irgendwann nicht mehr an meiner Seite ist. Mit ihm entwickelte ich grosses Vertrauen in die Geistige Welt und in meinen Lebensweg. Erst sehr viele Jahre später fand ich heraus, dass er ein junger Druide war, der jetzt in der Ebene der aufgestiegenen Meister zu Hause ist. Er hat eine Mittlerfunktion für Menschen, die die höher schwingenden Ebenen noch nicht verstehen können.

Als er nach einigen Jahren von einer anderen Präsenz abgelöst wurde, tauchte er immer wieder auf, um mir zu helfen, wenn ich menschliche Fragen hatte oder auch wenn sich mit neuen Lichtwesen in meinem Team Verständigungsschwierigkeiten zeigten.

So ist er heute noch die Präsenz in meinem Geistführerteam, die mir am nächsten ist, auch wenn ich ihn nur mehr sehr selten wahrnehme.

Botschaft von Erzengel Nathanel

Geliebte Menschen

Aus der Ebene des Lichts bin ich Nathanel hier bei euch.

Es ist mir eine Freude, euch von der Heimat des Lichts zu erzählen. Neugierig seid ihr und voller (Trug) Ideen, wie die Schöpfung funktioniert. Die Heimat des Lichts ist das Reich von Wesenheiten in unendlicher Zahl, die weit über das Fassbare der Menschen hinausgeht. Gewiss ist eure Sehnsucht nach dem Licht. Und doch seid ihr in eurer Aufgabe in der Materie, getragen von uns, aus der Lichtwelt.
Immer wieder kommt die Frage, wer wir sind. Wir sind Schwingung, Licht, Farben und Klang, verbunden mit Allem, wir sind Liebe und Wissen. Wesenheiten ohne Anspruch auf Individualität, wir sind im Dienst des Urlichts, als Teil des Urlichts, betraut mit unterschiedlichen Aufgaben, die die Schöpfung immer wieder neu kreiert.
Alles ist in einer Bewegung, die erlöst und gleichzeitig Neues schöpft. Es ist eine grosse Schönheit in dieser Bewegung, die Bewegung der Unendlichkeit, der immerwährende Fluss der Universen.

Euer Planet ist ein Teil dieser Bewegung und die Bewohner ein Teil der Schöpfungsaufgabe. Ihr Menschen seid das jüngste Glied auf eurem Planeten und sicher die anspruchsvollsten Lebewesen. Wir lieben euch so wie ihr seid und begegnen euch immer als eure Behüter. Gerne kommunizieren wir mit euch und teilen unsere Liebe und unser Wissen mit euch.

Da euer Planet eine starke materielle Struktur hat, ist es für uns Wesen aus Licht oft schwierig euch zu erreichen, die Materie hindert den Fluss der Bewegung und so auch die Kommunikation. Eure Versuche mit uns in Verbindung zu sein, sind immer wieder ein Leuchten für uns.
Ihr seid geliebt und behütet

Nathanel

Geboren aus dem Licht

Wir alle, die wir in der Materie als Menschen unterwegs sind, erleben den gesamten Zyklus der immer wiederkehrenden Reinkarnation.

Wir sind aus dem Licht in die Materie geboren, um alle wir Menschenerfahrungen zu machen. Es ist ein immer wiederkehrender Kreislauf von Inkarnation zu Inkarnation, bis wir alles durchlebt haben und uns wieder auf den Heimweg ins Licht machen.

Wir sind Teil einer grossen Schöpfungsidee.

Die Entwicklung der Materie trägt einen Teil dazu bei, dass sich das «Alles was ist» immer wieder neu schöpft.

Da die Materie Polarität ist, ist das Sein als Mensch in der Materie eine grosse Herausforderung.

Alles ist Dual und wir erfahren mit jedem Atemzug die Freiheit der Entscheidung. Nur, sind wir uns dessen bewusst? Leben wir diese Freiheit? Wahrscheinlich gelingt diese bewusste Entscheidung der Freiheit sehr selten, da wir mit dem Eintritt in die jeweilige Inkarnation diese Option vergessen. Wir fühlen uns ausgeliefert und argumentieren dies lieber mit Zufall, Schicksal, Unglück oder Glück, die Anderen, Opfer des Lebens und vieles mehr.

Grundsätzlich ist der Weg als Mensch einfach, wir sind hier um Bedingungslosigkeit zu entwickeln. Doch unser Drama, das wir als Mensch leben, verhindert immer wieder das Verstehen. Und so kreieren wir unsere eigenen Saboteure, die uns steuern und manipulieren, unsere Ängste, die sich in diversen Formen und Ausdrücken zeigen, wie die Angst vor Liebesverlust, die Angst zu wenig zu besitzen, Machtverlust, oder auch die Angst zu sterben. Vermutlich ist die grösste Urangst in uns die Todesangst, auf der sich alle anderen Ängste aufbauen.

Dies ist im Folgenden erklärbar:

Werden wir nicht genährt, müssen wir sterben, so entsteht die Angst zu wenig zu haben, das erste genährt werden ist die Abhängigkeit zur Mutter, sie nährt uns, erleben wir Liebesverlust entsteht in uns das Gefühl der Ablehnung, die Nahrung, die auch Liebe sein kann, wird verwehrt und wir geraten wieder in die Todesangst. So entwickeln sich immer wieder neue Saboteure. Dies ist nur eine kleine Anlehnung an ein grosses Thema, das viele Aspekte des Menschseins beinhaltet, eine Vielschichtigkeit die wohl nicht in ein paar Sätzen vertieft werden kann. Diese Urangst beinhaltet auch eine grosse Einsamkeit, die tief in uns sitzt und uns durch jede Inkarnation begleitet, das Gefühl des Getrenntseins. So erklärt sich in vielen Fällen «die Suche nach dem Verbunden sein», die sich in unterschiedlichen Formen zeigen kann, ob es die Suche nach Liebe und Geborgenheit, bis hin zu Süchten ist, schlussendlich ist es die Suche nach der Ganzheit.

Auf dem Weg durch unsere Inkarnationen haben wir immer wieder vergessen, dass wir nicht alleine sind. Damit sind nicht die Beziehungen zwischen Lebewesen gemeint, sondern unsere Verbindung in die feinstoffliche Welt, zu den Wesen, die in einer nicht materiellen Form auf verschiedenen Energieebenen zu Hause sind, der Lichtwelt. Sie ist die Heimat von wunderbaren Wesenheiten, die Lichtstrukturen sind und uns in ihrer Bedingungslosigkeit in Liebe zugewandt sind, uns begleiten, unterstützen und uns, auf dem Weg durch die jeweilige Inkarnation an die Hand nehmen.

Diese Verbindung zur feinstofflichen Welt zu leben, ist eine Möglichkeit der Ganzheit. Auch in dieser Verbindung ist die Polarität beinhaltet, denn es ist das Miteinander von Materie und den lichtvollen Dimensionen. Wobei nur ein kleiner Teil der Lichtdimensionen Dual funktioniert, die höher schwingenden Ebenen sind nicht in die Polarität eingebunden.

So ist es ein wunderbares Geschenk, die Verbindung mit den feinstofflichen Ebenen, der Lichtwelt, bewusst zu leben und so immer wieder die Erfahrung der Ganzheitlichkeit zu machen.

Es ist ein regnerischer Nachmittag, Zeit für mich und ich bin gerade in Kontakt mit meinem Geistführer. Ein wunderschönes Wesen aus der Lichtwelt, das sich in Form eines Lichtdrachens zeigt, erhaben und glitzernd, als ob er mit funkelnden Kristallen bestückt wäre. Ich kenne ihn schon eine Weile, er zeigte sich immer im Hintergrund. Seit kurzem ist er an meiner Seite.

So steht wohl eine Zeit der Veränderung an, der Weg, wie weiter, ist noch nicht so deutlich, ich kann es nur erahnen.

Es ist wiedermal eine Phase in meinem Leben, in der ich versuche die Geistige Welt, die Lichtpräsenzen zu ergründen. Ich versuche in die hochschwingenden Ebenen einzutauchen, um Zusammenhänge zu verstehen. Immer wieder wird mir bewusst, dass die menschlichen Möglichkeiten in dieser Beziehung sehr begrenzt sind. Mein Denken und Fühlen sind an die Materie gebunden und so stehen mir nur kleine Möglichkeiten der Wahrnehmung zur Verfügung. Ich habe mal gelesen, dass wir nur 10 % - 20% unserer Hirnkapazität nutzen, und genauso fühlt es sich an, wenn ich versuche die Lichtdimensionen zu erfassen.

Philosophische Gedanken tauchen auf, ist die feinstoffliche Welt real, oder ist die materielle Welt real, oder beides? Was ist denn wahr? Ist die eigene Realität wahr oder eine andere?

Vermutlich stellen sich diese Fragen viele Menschen.

Diese Fragen werden sehr oft mit dem Hinweis beantwortet, „Das was du anfassen kannst, ist real und die Wahrheit"! Aber ist das wirklich so?

Im Laufe meines Lebens und meiner Entwicklung zum Medium haben mich solche Themen und Argumente immer begleitet. Viele Menschen, die mich als komisch oder unrealistisch bezeichneten, haben meinen Weg gekreuzt.

Wenn ich so zurückblicke haben diese Gegenstimmen und die Widerstände meines Umfeldes mir damals die Existenz der Geistigen Welt bestätigt. Dies klingt vermutlich etwas paradox. Aber ist Widerstand nicht auch Angst? Angst vor einer Welt, die für viele nicht sichtbar ist?

Vor mehr als 30 Jahren, zu dieser Zeit habe ich meinen Weg mit den «unsichtbaren Welten» begonnen, war die Entwicklung der Spiritualität nicht so verbreitet wie heute im 2024.

In diesen Jahren der Entwicklung, habe ich eine sehr intensive Verbindung zu den Lichtwesen aufgebaut, sie haben mich begleitet, unterrichtet und entwickelt. Vieles wurde möglich in Zusammenarbeit mit den Lichtwesen.

Eine tiefe Liebe zu diesen Ebenen hat sich in mir geöffnet, indem ich wiederholt die unendliche Liebe der Lichtwesen erfahren durfte. Sie haben immer wieder mein Herzchakra umarmt, bis sich Blockade um Blockade, Geschichte um Geschichte gelöst hat.

Unendliche Dankbarkeit empfinde ich für das Geschenk mit der Lichtwelt verbunden zu sein, als Teil von ihnen, auf der Menschenebene.

Deines

Du hast zu diesem Buch gegriffen, so gehe ich davon aus, dass du schon Erfahrungen mit der Geistigen Welt gemacht hast, einen Herzensruf verspürst, oder mindestens neugierig bist.

Beantworte dir ein paar Fragen, um deinen Zugang zur Lichtwelt zu überprüfen.

Schliess einen Moment die Augen und tauche ein in deine Welt der Erfahrungen.

Hast du Erfahrungen, dass eine unsichtbare Hand dir geholfen hat?

Kennst du das? Eine innere Stimme, oder ein Gedankenblitz informiert dich, dass du etwas vergessen hast, eine andere Strasse nehmen sollst, oder ähnliches?

Du fühlst Wärme oder Energie, die dich einhüllt?

Du kannst immer wieder Lichtformen oder Lichtpunkte sehen?

18

Du kannst Lichtwesen spüren oder sehen?

Was weisst du über die verschiedenen Ebenen der Geistigen Welt?

Spiritualität

Spiritualität

Wie das Wort „Spirit" (Spirit / Geist) sagt, ist Spiritualität eine Form des erweiterten und offenen Geistes. Die Möglichkeit wahrzunehmen und sich von Einschränkungen und Dogmen zu befreien. Spiritualität hat somit nichts mit Religionen und Machtstrukturen zu tun, sondern ist das sich Zuwenden zum Licht, zum Göttlichen, zum Prinzip von „Alles was ist", die Entwicklung der Wertfreiheit und Bedingungslosigkeit.

Es geht darum die Materie, die Körperlichkeit und die kosmischen Gesetzmässigkeiten zu verstehen und sich gleichzeitig für das Feinstoffliche, das Energetische zu öffnen und so das eigene Weltbild auszudehnen, eine Ganzheit in uns und um uns zu kreieren.

Da wir Menschen nur einen kleinen Teil unserer Möglichkeiten und Gehirnkapazitäten aktiviert haben und leben können, sind wir aufgefordert, uns die Freiheit im Denken und Fühlen zu erlauben, wissend, dass es da mehr gibt, das weit über unser Weltbild hinaus geht.

Suchen wir nach der Definition, zeigen sich viele unterschiedliche Möglichkeiten, was Spiritualität ist, oder sein könnte und sollte.

Für mich ist Spiritualität eine Lebensphilosophie. Das Bewusstsein, dass es unendlich viele Ebenen im Kosmos gibt, die für uns Menschen nicht sichtbar und erfahrbar sind.

Spiritualität hat mit Achtsamkeit und respektvollem Umgang mit sich selbst und allem was ist zu tun.

Es ist die Entwicklung in die Wertfreiheit und Bedingungslosigkeit, die Auflösung von belastenden Negativmustern im Körper, in den Emotionen und Gedanken.

Diese Entwicklung ist eine tägliche Herausforderung, da uns die Dualität immer wieder in Schwierigkeiten bringt und wir uns von unseren eigenen Negativmustern überlisten lassen.

Wir als Menschen sind über unseren Körper an die irdische Realität gebunden, unser Geist ist beweglich und sucht die Feinstofflichkeit, das verbunden Sein mit etwas Höherem, das berührt werden vom Licht. Betrachten wir diese Suche, wird uns bewusst, dass wir «uns selbst» suchen, da wir ja Materie und Feinstofflichkeit gleichzeitig sind. Es ist das duale / polare Weltbild, das uns immer wieder von uns selbst trennt.

Im Grunde ist Spiritualität die Entwicklung unseres Bewusstseins, hin zu unserer Ganzheit, der bedingungslosen Liebe zu uns selbst. Diese Entwicklung hat nichts mit der Idee von Egoismus zu tun, im Gegenteil, sie bringt uns weg von Begrenzungen, Dogmen und Wertungen.

Denn entwickeln wir die Liebe zu uns selber, entwickeln wir gleichzeitig die Liebe zu allem was ausserhalb von uns ist, unserem Umfeld, bis hin zur gesamten Schöpfung. Schlussendlich ist es der Frieden in uns, der uns mit dem Licht verbindet und so dem Ausdruck Spiritualität gerecht wird.

Wir haben gelernt, dass Selbstliebe egoistisch ist. Oft höre ich von Menschen, die ich auf ihrem Weg begleite diese Aussage, oder auch «ich weiss nicht was Selbstliebe ist».

Vielfach ist es der Versuch Selbstliebe oder Liebe in materieller Form als Besitz oder materiellen Geschenken auszudrücken.

Ist dies wirklich der Ausdruck von Liebe?

Was heisst Selbstliebe eigentlich?

Es geht um Selbstwahrnehmung, Selbstakzeptanz, sich selber wertschätzen, liebevoll mit sich selber sein, die eigenen Grenzen spüren. Es ist der Heilprozess des ICH-Bewusstseins.

Ist es nicht so, dass ehrliche Wertschätzung und Liebe nur dann nach Aussen geschenkt werden kann, wenn sie auch in uns stattfindet?

Meditation

o Setze dich an einem ungestörten Platz bequem hin.

o Schliesse deine Augen.

o Folge mit deiner Achtsamkeit deiner Atmung, beobachte deine Ein- und Ausatmung. Lass die Begegnung mit deiner Atembewegung zu und geniesse das Geschehen lassen.

o Ziehe dich mit jeder Atembewegung immer mehr in deinen inneren Raum zurück.

o Es wird ruhig in dir und in deinem inneren Raum wird es immer stiller.

o Lass dich in deine innere Stille hinein sinken und geniesse den Frieden, der in deinem inneren Raum entsteht.

o Kreiere nun das Gefühl der Liebe, die deinen gesamten inneren Raum ausfüllt.

o Lass dich einhüllen von der Energie des Friedens und der Liebe und sei dir bewusst, dass was in dir ist, strahlst du auch nach aussen aus.

o Nach einer Zeit, die du selber bestimmst, begegnest du wieder deiner Atmung.

o Deine Atmung bringt dich mit jedem Atemzug langsam wieder zurück in dein Alltagsbewusstsein.

o Du bist wieder ganz im Hier und Jetzt und öffnest deine Augen.

Die Sehnsucht der Freiheit

Die Sehnsucht der Freiheit

Kennst du die Sehnsucht, Unfassbares wahrzunehmen, nicht-Sichtbares zu sehen? Oder dich mit Ebenen zu verbinden, die sich nach GANZ – SEIN anfühlen?

Bewusst bin ich dieser Sehnsucht in meiner Ausbildung im Bereich Schamanismus begegnet. Damals hat mir die schamanische Lehre vieles erklärt, das ich bis dahin nur gespürt hatte und diesem Spüren keinen Namen geben konnte. Ich begegnete in dieser Zeit meinem Urschmerz, meiner Ursehnsucht, die sich bei einer Zeremonie als ein tief verwurzeltes Heimweh zeigte. Ich hatte Raum, diesem inneren Schmerz Ausdruck zu geben und ihn los zu lassen. Damit wandelte sich diese Sehnsucht erstmals zur Idee der inneren Freiheit.

Die Freiheit des Kriegers, wie diese eigene und innere Freiheit bezeichnet wurde, hat mir ein neues Weltbild geöffnet. Denn die eigene Freiheit ist die Selbstverantwortung, zu wissen, dass alles was geschieht, in unserem Lebensplan von uns geschrieben ist, alles was geschieht, von uns kreiert und durch das Gesetz der Anziehung angezogen wird.
Am Anfang mag diese Vorstellung erschrecken, da wir im Aussen keine Schuldzuweisungen mehr machen können. Aber mit der Zeit beginnt eine Erleichterung durch das Wissen, dass wir im Menschsein nicht machtlos sind, den Ereignissen nicht ausgeliefert sind.
Die Situationen bleiben Herausforderungen, aber das Bewusstsein und der Umgang verändern sich und so entsteht die Freiheit, zu wissen, wir haben die Wahl der Entscheidung und egal wie die Entscheidung in der

jeweiligen Situation ausfällt, es ist die eigene Entscheidung und schluss-endlich gibt es keine falschen Entscheidungen, sondern lediglich unter-schiedliche Herausforderungen. Mit jeder Entscheidung lernen wir uns besser kennen und erkennen uns dadurch selbst - wer wir sind und wer wir sein wollen.

Ich glaube, es ist eine Ursehnsucht der Menschen Möglichkeiten und Fä-higkeiten zu finden und zu leben, die weit über die Materie hinausgehen. Wenn wir die Geschichte der Menschheit betrachten, ist immer wieder das Streben nach mehr und nach Macht in dieser Zeitreise zu finden, ent-weder über Entwicklung, Erfindungen oder über Krieg.

Vielleicht ist es so, dass jeder Mensch spürt oder auch weiss, dass es etwas Höheres, Machtvolleres gibt, als uns Menschen und wir mit dem Streben nach mehr versuchen dies zu finden.

Wir sind gebunden an die materielle Welt durch unseren Körper und un-ser Bewusstsein als Individuum. Der Zyklus des Menschseins konfrontiert uns mit verschiedenen Ebenen der Materie, der Emotionen und Gedan-kenstrukturen, dem Willen, usw., so gesehen unser individuelles Drama. Unsere Sehnsucht strebt nach der Ganzheit, dem Licht. Es ist ein unend-liches Heimweh nach Geborgenheit und Liebe. So ist die Suche der Menschheit zu allen Zeiten dem Licht, der Feinstofflichkeit zugewandt. Wir setzen oft die Erfüllung und das Glücklich sein mit der Erleuchtung gleich oder dem Streben, das Aussen für diese Attribute verantwortlich zu machen. Da wir, gebunden an die Materie, konfrontiert sind mit der Dua-lität, ist dieser Focus gut zu verstehen.

Grundsätzlich ist die Existenz im Körper Einsamkeit, das Gefühl abgeschnitten zu sein und oft ahnungslos wovon. Es ist ein Schmerz in uns Menschen, der uns immer wieder an die Endlichkeit erinnert.

Viele werden jetzt sagen oder denken, das ist bei mir nicht der Fall, aber bei genauerer Betrachtung des Innersten kommt jeder Mensch an den Punkt der Einsamkeit und des Schmerzes.
Wir sehnen uns nach Unendlichkeit, nach der Erfahrung geliebt zu sein, so wie wir sind, bedingungslos. Als Teil der Polarität sind wir Menschen immer wieder in einem Spannungsfeld, das Leben in vollen Zügen zu leben und gleichzeitig in der Schwere das Leben auszuharren. Das Sein in der Materie hat viele Herausforderungen, aber auch viele Schönheiten.

Vielleicht ist es auch die Sehnsucht nach dem Immateriellen, der Freiheit ohne körperliche Begrenzungen zu sein. Wir können den Versuch, die körperlichen Grenzen zu überwinden in vielen Facetten unseres Daseins finden, ob im Sport, der Wissenschaft, Meditation, Abenteueraktionen, Filmen, Drogen und noch vielem mehr.
Es geht immer wieder darum die körperlichen Begrenzungen zu überwinden und die Freiheit der Leichtigkeit und Unbegrenztheit zu erleben.

Was haben nun diese Themen mit der Geistigen Welt zu tun?
Ich gehe davon aus, dass jeder Mensch bewusst oder unbewusst weiss, dass es etwas Höheres, Übergeordnetes oder Unfassbares gibt.
Es ist gleichzeitig ein Wissen, Ahnen und Spüren. Und trotzdem taucht bei den meisten die Frage auf, was ist es? Ist es real? Ist es ein Hirngespinst?
Was ist diese Sehnsucht? Oder wer ist es?

Genau diese Sehnsucht, dieses Heimweh machen sich Religionen, Glaubensgemeinschaften und politische Organisationen zunutze um Menschen anzuziehen, Co Abhängigkeiten und Angstmanipulationen zu erzeugen.

In unserer Zeit sind wir in einer sehr offenen Epoche, die dieser Sehnsucht einen Anker gibt, indem wir Menschen angefangen haben, diese Dogmen zu hinterfragen und uns die Freiheit der Gedanken und deren Ausdruck schenken.
Es ist eine Epoche, in der Spiritualität einen grossen Stellenwert bekommen hat und ich sehr dankbar bin, ein Teil dieser Epoche zu sein.

Die geistige Welt

Die Geistige Welt

Lichtwesen, Engel, Erzengel, Naturwesen, Jenseitige, all diese Begriffe sind uns in irgendeiner Form in jeder Kultur und Zeitepoche bekannt und vertraut, ob als Faszination oder Ablehnung, oft auch als Teil von Religion und Glaubensdogmen. Betrachten wir die Geschichte der Menschheit, taucht das Thema der feinstofflichen Welt in verschiedenen Ansätzen immer wieder auf, sehr oft als Machtkonstrukt, das die Menschen anbeten und fürchten. Diese Ideen finden wir vom indigenen Ursprung, über die Hochkulturen, bis in die heutige Zeit. Glaubensformen haben und machen sich diese Sehnsucht der Menschen nach der Feinstofflichkeit zunutze, indem sie sich als „Boten oder Sprechrohr Gottes" bezeichnen und ihre Anhänger in eine Abhängigkeit bringen. Da uns beigebracht wurde, dass wir Menschen Fehler machen und wir uns so immer wieder Schuldmomente kreieren, brauchen wir eine Institution, die uns die Schuld wieder abnimmt.

Hier könnte ich noch einiges über Kirchengeschichte und diversen Machtstrukturen erwähnen, die sich den Wunsch nach Verbindung mit der Geistigen Welt zunutze machen, aber das ist nicht das Ziel dieses Buches.

Für mich ist die feinstoffliche- oder Geistige Welt ein Teil der grossen Ganzheit, zu der auch wir «Materiellen» gehören. Wir befinden uns auf unterschiedlichen Schwingungsebenen, die in einer gemeinsamen Bewegung miteinander verbunden sind, als Teil einer kosmischen Schöpfungsstruktur.

Die Geistige Welt ist die Ebene der Feinstofflichkeit, der Lichtebene, die Dimensionen ausserhalb der Materie. Dimensionen, in denen wir die Verstorbenen erreichen oder hochschwingende Lichtstrukturen, in denen die Lichtwesen, wie z.B. Erzengel und Engel ihre Heimat haben.

Ich bezeichne diese Ebenen gerne als die Lichtwelt, da die hochschwingende Feinstofflichkeit aus vielen unterschiedlichen Lichtpartikeln besteht, die unser menschliches Auge kaum wahrnehmen kann und wir dies oft nur mit viel Training und Meditation erreichen können. Und doch gibt es Menschen mit der natürlichen Gabe diese Ebenen im Alltagsbewusstsein zu sehen und wahrzunehmen.

Ich selber habe viele Jahre meine Wahrnehmung trainiert, um diese Fähigkeit zu erreichen. Die Belohnung dafür war die Öffnung meines Bewusstseins in Dimensionen des Lichts und viele wunderbare und berührende Begegnungen mit Lichtwesen und Verstorbenen. Dadurch hat mein Bewusstsein und mein Sein grosse Entwicklungsschritte und Heilerfahrungen gemacht.

Versuchen wir die Lichtwelt zu erfassen kommen wir mit unseren menschlichen Möglichkeiten der Wahrnehmung schnell an unsere Grenzen.

Wir können uns die Lichtwelt in der linearen, für uns fassbaren Form, als Hierarchie vorstellen. Es sei hier erwähnt, dass es in der Lichtwelt keine hierarchische Wertung gibt, dies aber für unser menschliches Denken schwer zu erfassen ist und so die lineare Darstellung eine wahrnehmbare Realität kreiert.

Jedes Wesen, jede Präsenz der Lichtebene hat eine Schwingung, die in unserem Denken einer Aufgabe oder Fähigkeit gleichkommt.

Jede Schwingung hat einen anderen Klang oder Ausdruck und so bewegt sich jedes Wesen, jede Präsenz in einer zuordenbaren Schwingung, sodass wir anhand der Schwingungsstruktur einzelne Wesenheiten zuordnen können. Hier sei noch erwähnt, dass die Lichtwesen und feinstofflichen Wesen sehr bemüht sind, eine deutliche Schwingungsstruktur zu zeigen, um uns Menschen das Erkennen zu vereinfachen.

Alle Schwingungen bilden gemeinsam ein Ganzes. So betrachtet darf keine Schwingung fehlen.

Genau genommen ist diese Struktur auch auf der materiellen Ebene so, nur wir Menschen ordnen uns nicht in die ganzheitliche Bewegung ein und so entsteht das Ungleichgewicht der Wertung. Immer wieder erfahre ich das Bemühen der Lichtwesen, uns Menschen in Richtung Wertfreiheit und Bedingungslosigkeit zu bewegen. Es fällt uns Menschen unendlich schwer, es der Lichtebene gleichzutun, da wir in einer Spirale der Dualität und dem Streben nach Macht und Besitz verankert sind. Sehen wir uns den Weg der Reinkarnation an, also das Projekt Mensch, ist das Endziel des Menschseins eben genau diese Erfahrung – Wertfreiheit und Bedingungslosigkeit. Je tiefer wir das Menschsein über viele Inkarnation leben und uns Erfahrung für Erfahrung weiterentwickeln, umso näher kommen wir dem Verständnis genau dieser zwei Attribute.

Die Geistige Welt in ihrer Vielfalt unterstützt uns auf dem Weg, das Licht wieder zu finden.

Immer wieder habe ich wunderbare Begegnungen und Situationen mit Lichtwesen erlebt, die mir helfen, mich unterstützen, unterrichten und führen.

Es sind oft einfache Momente, wenn mich meine Begleiter an einen vergessenen Schlüssel oder ein noch geöffnetes Fenster erinnern, bis hin zu berührenden und magischen Momenten in der Meditation oder bei Channelings. Die Umarmung eines Lichtwesens ist eine wundervolle Erfahrung aus Geborgenheit und Behütet sein.

In den vielen Jahren der Zusammenarbeit mit der Geistigen Welt hat sich auch meine Begegnung mit der Lichtwelt verändert. Was früher aufwendig war, ist heute alltäglich und leicht. Meine Arbeit als Mittlerin zwischen Menschen und Lichtwesen hat eine Leichtigkeit bekommen, in der die Lichtwesen ihre Anwesenheit oft sehr deutlich zeigen können.

Zu diesem Thema erhielt ich eine kurze Mitteilung aus der Engelwelt

Channeling mit Engel Alya

Geliebte Menschen

Die Freude ist bei uns, euch einzuladen der Welt der Engel zu begegnen. Viele Namen habt ihr uns gegeben, es ist euer Versuch, euch mit uns zu verbinden. Unsere Gestalten habt ihr nach eurem Ebenbild erdacht.
Doch wir sind Wesen des Lichts mit unterschiedlichen Schwingungen und Aufgaben. Als Wesen des Lichts sind wir Lichtstrukturen, die dem Planeten Erde und seinen Bewohnern zugewandt sind. Wir helfen und begleiten euch zahlreiche Wesen des Planeten Erde.

Ihr Menschenwesen seid oft ungestüm in eurem Ausdruck und so ist es für uns Wesen des Lichts oft eine Herausforderung euch zu begleiten. Wir begegnen eurem Tun mit unendlicher Liebe und berühren euch immer wieder in euren Herzen.
Seid sanft und gütig zu allen Wesen und auch zu euch selbst, denn nur so werdet ihr wachsen und verstehen.
Wir sind hier und an eurer Seite.

In unermesslicher Liebe seid gegrüsst aus der Ebene des Lichts der Engel.

Die Hierarchien

Die Hierarchien der Geistigen Welt

Die Ebene des Lichts ist für uns Menschen nur sehr eingeschränkt zu erfassen, da unsere Wahrnehmungsfähigkeit in die feinstoffliche Ebene oft nicht ausreicht. Vermutlich ist die Lichtwelt eine Ebene von unendlich vielen Dimensionen und Facetten, die wir Menschen uns gar nicht vorstellen können. Es ist wahrscheinlich nur ein sehr kleiner Teil, der sich für unsere Wahrnehmung öffnet.

Ich versuche die Geistige Welt in einer linearen Form darzustellen und so alle Informationen der Lichtwesen, die ich im Laufe der Jahre erhalten habe, in dieser Form zu übermitteln.

Wenn ich von Hierarchien schreibe, ist damit keine Machtstruktur gemeint, sondern eine Darstellung der Dimensionen, die nach Stärke der Lichtschwingung aufgereiht ist.
Der Kreis als Symbol soll das Allumfassende und Zirkulare vermitteln.

Das Zentrum vom Kreis, wie auch das Zentrum von „Allem was ist" ist das UR, das Vollendete, reinstes schwingendes Licht, das UrLicht, die UrQuelle oder die UrSchöpfung.
Dieses UR hat bei uns Menschen viele verschiedene Namen, wie Gott, Allah, Amun, Wakan Tanka, das grosse Licht und vieles mehr. So hat jede Kultur und jede Epoche unserer Weltgeschichte damit seinen Mittelpunkt.

Um das Ur bewegen sich sämtliche Dimension und Universen und sind gleichzeitig damit verwoben. Können wir das mit unserem menschlichen Verstand und Wahrnehmungsmöglichkeiten überhaupt erfassen? Wir Menschen sind konzipiert alles zu kontrollieren und zu verstehen und doch gibt es Ebenen, die mit dem grössten Bemühen mit unserem Verstand nicht erfassbar und vorstellbar sind. Viele Welten und Ebenen erschliessen sich weder der Forschung, noch der Wissenschaft und das ist auch gut so. Die Idee oder Vorstellung, dass es Welten und Dimension gibt, von denen wir kein Wissen haben, macht mich als Mensch demütig und ruft zur Bescheidenheit. Wir Menschen sind durch unsere Möglichkeiten im Denken und Handeln eine überhebliche Spezies, die alles für sich beanspruchen möchte und dies auch täglich in die Tat umsetzt. So ist es heilsam, sich immer wieder die Realität der Materie bewusst zu machen, die nicht alles kann und weiss, sondern anerkennen muss, dass es viel mehr gibt, als wir uns überhaupt vorstellen können.

Lineare Darstellung der Geistigen Welt

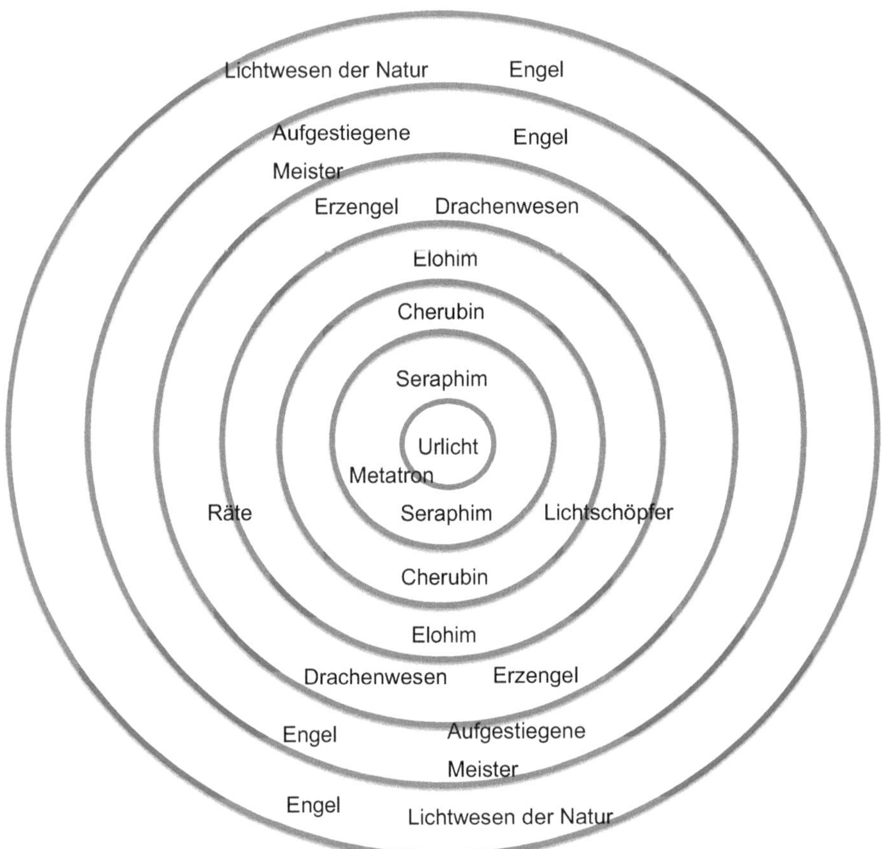

Das UR

Das Ur ist das Zentrum von Allem was ist, das UrLicht, die UrSchöpfung. Es ist der Anfang, der sich in allem spiegelt und nach dem Gesetz der Entsprechung ist alles das UR genauso wie das UR alles ist. Es ist das Zentrum, um das sich alles bewegt.

Metatron

Der Vermittler vom UR und zum UR ist der Erzengel Metatron, er wird oft auch der „König" der Erzengel genannt.

Erhaben und mächtig hütet er die gesamte Schöpfung. Neben Sandalphon ist Metatron die einzige Engelpräsenz, die vor Urzeiten als Mensch inkarniert war, als Prophet Enoch ist auch seine menschliche Inkarnation von grosser Bedeutung. Er ist die Verbindung zwischen der Lichtschöpfung und der materiellen Schöpfung.

Nah am UR bewegen sich unterschiedliche Lichtstrukturen, deren hohe Schwingung für uns Menschen nicht zugänglich sind. Viele dieser Ebenen um das UR sind uns nicht bekannt und nicht erfassbar. Einige davon sind in vielen Schriften, ob spirituell oder religiös, bekannt und erwähnt.

Seraphim

Lichtwesen der All-Liebe, sie werden auch als Feuerengel der Liebe bezeichnet.

Sie haben ihren Platz direkt um den Urraum und tragen die All-Liebe, die rein und bedingungslos ist, in alle Dimensionen.

Cherubin

Feuerengel und Portalwächter

Ihre Aufgabe ist es, die Portale von einer Dimension in die andere zu bewachen.

Wollen wir oder auch andere Wesenheiten von einer Dimension in die nächsthöhere Dimension wechseln, kann das nur durch das „Herz" der Cherubin passieren. Auch der Dimensionswechsel unseres Planeten Erde geschieht über die Ebene der Cherubin.

Lichtschöpfer

Sie erschaffen Licht aus dem Urlicht. Ohne die Lichtschöpfer gebe es keine Schöpfung. Sie erschaffen immer wieder Licht aus dem Urlicht, pure Energie, die alles zum Erleuchten und Fliessen bringt, sinnbildlich die kosmische Lebensenergie.

Elohim

Diese Schöpferengel sind in ihrer Energiequalität uns Menschen zugetan, sie schwingen sehr hoch und kraftvoll, haben aber die Fähigkeit sich der Materie zu nähern.

Seit einigen Jahren kommen sie der Erde und den Menschen immer näher und unterrichten und entwickeln die Menschen. Durch ihr Wirken hat
die Spiritualität auf der Erde eine neue Ebene erreicht.

Sie begleiten und überwachen den gesamten Schöpfungsprozess, sie erschaffen aus der Urform. Ihr Wirkungsbereich erstreckt sich nicht nur auf
die Erde, sie wirken in allen Universen und Galaxien.

Zu ihren Aufgaben gehören:

> die Schöpfung nach dem Impuls des Schöpfers zu manifestieren

> die Ordnung in der Schöpfung im Sinne des göttlichen Plans zu er-
halten

> Disharmonien zu klären.

> die Schöpfung zu schützen und zu heilen.

> anderen Wesen, die ebenfalls im Schöpfungsplan wirken, Kraft,
Wissen und Energie zur Verfügung zu stellen.

> Elohim sind Lehrer für andere Wesen, die im Schöpfungsprozess
mitwirken, so sind sie Lehrer für die Lichtwesen, aber auch für die
Menschen.

Die Räte

Die Räte sind Lichtwesen, die sich zu einer gemeinsamen Form zusam-
mengeschlossen haben und diverse tragende Aufgaben erfüllen.

Uns sind einige Räte bekannt, wie die Lichträte, der Kosmischer Rat, der
Karmischer Rat. Es gibt sicher noch viele andere Ratstrukturen, die uns
Menschen nicht bekannt sind.

Die Räte setzten sich aus Lichtwesen und hochschwingenden Meisterenergien zusammen, um verschiedene Aufgaben im Schöpfungsablauf
zu unterstützen.

Erzengel

Die Erzengel sind die Verwalter der Schöpfung. Sie haben verschiedene Zuständigkeitsbereiche und sind in direkter Verbindung mit dem Grossen Licht, der Schöpfung und allen Wesenheiten.

Erzengel sind mit uns Menschen stark verbunden, auch wenn die Begleitung der Menschen nur ein kleiner Teil ihrer Aufgaben ist.

Uns sind viele Erzengel bekannt, Wesen, die schon seit Anbeginn da sind. Da Erzengel und Engel in jeder Kultur und Glaubensrichtung ihren Platz haben, können auch die Namen entsprechend variieren.

In unserer Zeit fängt die Struktur der Erzengel an sich zu verändern. Neue Erzengel zeigen sich.

Hier einige uns bekannte Erzengel

Erzengel Metatron   Farbe der Lichtstruktur - kristallfarben

König der Engel, Inkarniert als Enoch

Aufgaben und Eigenschaften:

Hüter der Schöpfung,

Verbindung von Licht- und materieller Welt

Erzengel Michael   Farbe der Lichtstruktur - blau

1. Lichtstrahl

Aufgaben und Eigenschaften:

Reinigung, Gerechtigkeit, Schutz, Mut und Handlungsfähigkeit, Vertrauen ins Göttliche, Geführt sein

Erzengel Jophiel

Farbe der Lichtstruktur - gelb

2. Lichtstrahl

Aufgaben und Eigenschaften:

Weisheit in Herz und Verstand, Selbstverwirklichung, Erleuchtung

Erzengel Chamuel

Farbe der Lichtstruktur - rosa

3. Lichtstrahl

Aufgaben und Eigenschaften:

Geborgenheit, Friede, Harmonie, bedingungslose Liebe, Herzberührung, Liebe und Partnerschaft, Kommunikation

Erzengel Gabriel

Farbe der Lichtstruktur - weiss

4. Lichtstrahl

Aufgaben und Eigenschaften:

Reinheit, Klarheit, Neubeginn und Auferstehung, Hoffnung, Verbindung mit der Einheit Seit ca. 2010 Hüter der Erde

Erzengel Raphael

Farbe der Lichtstruktur - grün

5. Lichtstrahl

Aufgaben und Eigenschaften:

Seelische und körperliche Heilung, Geborgenheit, unschuldige Wahrheit, innere Visionen, Konzentration

| Erzengel Uriel | Farbe der Lichtstruktur - rot |
| | 6. Lichtstrahl |

Aufgaben und Eigenschaften:

Lebensfreude, Stärke, Gnade, Schöpferkraft, Dienst an der Schöpfung

| Erzengel Zadkiel | Farbe der Lichtstruktur - violett |
| | 7. Lichtstrahl |

Aufgaben und Eigenschaften:

Violette Flamme, Reinigung, Ablösung von Belastungen, Transformation, Vergebung, Mitgefühl

| Erzengel Raguel | Farbe der Lichtstruktur - aquamarin |
| | 8. Lichtstrahl |

Aufgaben und Eigenschaften:

Ordnung, Gerechtigkeit, Hüter der Natur, Friede und Ruhe, Klarheit, Erkenntnis, Harmonie, Erleuchtung

| Erzengel Haniel | Farbe der Lichtstruktur - magenta |
| | 9. Lichtstrahl |

Aufgaben und Eigenschaften:

Schönheit und Harmonie, innere Ruhe und Gelassenheit, Mondenergie, Anmut

Erzengel Bariel   Farbe der Lichtstruktur - gold
                         10. Lichtstrahl
Aufgaben und Eigenschaften:
                         Frieden mit sich und anderen, innere Ruhe,
                         Fülle, Geborgenheit, Gleichgewicht

Erzengel Perpetiel   Farbe der Lichtstruktur - pfirsich
                         11. Lichtstrahl
Aufgaben und Eigenschaften:
                         Freude, göttliche Aufgabe, Vollkommenheit,
                         Erfolg, Verbindung mit der eigenen Lebens-
                         aufgabe, Wünsche, Träume, Ganzheit

Erzengel Omniel   Farbe der Lichtstruktur - opal
                         12. Lichtstrahl
Aufgaben und Eigenschaften:
                         Wiedergeburt, Umwandlung, Transformation,
                         Aufstieg, Einheit

Erzengel Jeremiel   Farbe der Lichtstruktur - lila-violett
Aufgaben und Eigenschaften:
                         Engel des Karmas, Visionen, Inspiration

Erzengel Ariel   Farbe der Lichtstruktur - blassrosa
Aufgaben und Eigenschaften:
                         Unschuld und Reinheit, Heilung von Tieren,
                         Hüter der Visionen

Erzengel Azrael   Farbe der Lichtstruktur - gebrochenes weiss

   Aufgaben und Eigenschaften:

     Hilft Verstorbenen beim Übergang, Mitgefühl,
     Trost, Helfer in der Trauer

Erzengel Sandalphon Farbe der Lichtstruktur - türkis

     Bruder von Metatron, Inkarniert als Elias

   Aufgaben und Eigenschaften:

     Musik, Gebet, Vergebung, Seelenpartner fin-
     den

Erzengel Nathanel oder Nathanael

     Farbe der Lichtstruktur - rosa-kristall

   Aufgaben und Eigenschaften:

     Botschafter der Liebe und des höchsten Lich-
     tes, Hingabe und Erlösung, bedingungslose
     Liebe, Hüter der Herzen

Erzengel Aradiel   Farbe der Lichtstruktur - weisses Licht

     Wächterengel – zeigt sich neu den Menschen

   Aufgaben und Eigenschaften:

     Botschafter – Liebe der Engel
     Klarheit, Träger und Hüter der Säulen der
     Schöpfung, Beschützer der Erde

Erzengel Sefrael

Farbe der Lichtstruktur - silber

Licht in reinster Form

Portalengel - zeigt sich neu den Menschen

Aufgaben und Eigenschaften:

Hüter der Lichtkristalle und der alten Welten

Schöpfer der Lichtsäulen, portaliert Licht auf

unseren Planeten und andere Planeten und

Sternstrukturen

Drachenwesen

Drachenwesen sind wunderbare kraftvolle Lichtstrukturen, die sich seit einigen Jahren wieder auf dem Planeten Erde zeigen. Sie sind in Resonanz mit den alten Geschichten aus der Zeit der Druiden, die neben ihrem Heilwissen und magischen Tätigkeiten auch Drachenhüter waren.

Die Drachenenergien waren, wie auch die Welten der Naturwesen lange Zeit vor den Menschen verborgen und haben sich erst mit der spirituellen Entwicklung unserer Zeit wieder für die Menschen geöffnet.

Meisterenergien

Meisterenergien sind Lichtpräsenzen, die vor langer Zeit als Mensch inkarniert waren und ihr Wissen und ihre Fähigkeiten der Schöpfung zur Verfügung stellen.

Es gibt viele sehr bekannte aufgestiegene Meister, die durch ihr Tun als Mensch, aber auch durch ihre Präsenz in der Lichtebene uns Menschen vertraut sind. Sie zeigen sich deutlich in ihrer ehemals menschlichen Gestalt und sind für uns Menschen sehr fassbar und zugänglich.

Einige Beispiele sind Serapis Bey, Saint German, Jesus, Buddha, Maria, Maria Magdalena, Lao Tse, Lady Nada, Kuthumi, Hilarion, Lady Rowena, Maha Cohan, Babaji, Melchizedek und noch viele, viele mehr.

Engel

Es gibt unendlich viele Engel, sie sind Lichtwesen mit vielen verschiedenen Aufgaben und sind uns Menschen mit ihrer Präsenz am nächsten, da viele ihrer Aufgaben unserer Unterstützung dienen.

Wundervolle, liebevolle Wesen, die alle Lebewesen behüten und begleiten. Um die Engelwelt spinnen sich viele Geschichten und Legenden, die
unserer Sehnsucht nach Begegnung einen Ausdruck verleihen. Die Men-
schengeschichte zeichnet viele Bilder von Engeln, in Gewändern und Flü-
geln und vielem mehr. Engelwesen sind wie alle Präsenzen der Lichtwelt
reine Lichtstrukturen, also in ihrer wahren Gestalt Licht mit Farbresonan-
zen, die weder einen menschlichen Körper haben und auch nicht weiblich
oder männlich sind. Ihre Attribute und Aufgaben lassen ihre Lichtqualität
als weiblich oder männlich erscheinen, obwohl sie nicht an diese polare
Struktur gebunden sind. Ebenso verhält es sich mit den Erzengeln und
anderen Lichtwesen.

Ich werde an dieser Stelle davon absehen die Engelwelt namentlich auf-
zulisten. Diese Arbeit haben schon viele vor mir gemacht und ist so in
Büchern und im Internet abrufbar.

Doch möchte ich den Gedanken hinzufügen, dass die Namen der Engelwesen, wie auch der Erzengel von uns Menschen gedacht sind. Die
«Sprache» der Engel ist der Klang der Energie und hat somit keine Worte.
Da Engel wunderbare und liebevolle Wesen sind, passen sie sich unseren Vorstellungen an und erlauben uns so ihnen Namen und Eigenschaften, wie auch körperliche Formen zuzuschreiben. Erkennen wir das
Wahre der Engelwesen, werden formlose Lichtstrukturen mit Farbpig-
menten und Klangmomente sichtbar und hörbar.

Lichtwesen der Natur

Elfen, Feen, Einhörner, Pflanzendevas, Baum und Erdwesen und noch viele mehr, die dem Wohl der Erde und ihren Lebewesen dienen. Die Welt der Naturwesen ist eine Welt mit zwei Ebenen, die Naturwesen der Erde (die auch die Welt des kleinen Volkes beherbergt), die in unserer materiellen Ebene zu Hause sind und die Naturwesen der Lichtebene, die Teil der Lichtwelt sind.

Betrachten wir die Geistige Welt erfahren wir, dass jeder Mensch von vielen Lichtwesen begleitet und unterstützt ist. Da wir als Menschen für das grosse Ganze die Erfahrung der Materie durchlaufen, hilft uns die Lichtwelt aus der feinstofflichen Ebene unsere Aufgaben und Erfahrungen zu bewältigen.

An dieser Stelle kommt meistens die Frage: «Warum es dann soviel Unglück und Krankheiten gibt! Warum verhindern die Engel und Lichtwesen das alles nicht?» Hier drängt sich eine Gegenfrage auf: «Ist es denn wirklich die Aufgabe der Lichtwesen unsere Kreationen, unter anderem Krankheit und Unglück, zu verhindern?»

Beschäftigen wir uns mit der Spiritualität und den Seins Fragen, kommen wir zu der Erkenntnis, dass wir uns unsere Geschichten selber kreieren und anziehen. Wir gestalten auf der höheren Ebene, der Seelenebene, den Plan für das jeweilige Leben mit all seinen Erfahrungen und Aufgaben selbst.

Und da wir Menschen einen freien Willen und Entscheidungskraft haben, ist es nicht die Aufgabe der Lichtwelt sich einzumischen, sondern nur, uns zu begleiten und uns in der Erfüllung unseres Lebensplans zu helfen.

In unserem Lichtteam befinden sich viele Begleiter und Helfer, aber auch die Geistführer oder SpiritGuides. Entwickeln wir die Fähigkeit mit den Geistführern und unseren Lichtbegleitern zu kommunizieren, öffnen sich uns wunderbare Möglichkeiten der Erkenntnis und Entwicklung.

Meditation - Die Welt der Engel

- Mache es dir an einem ungestörten Platz bequem und schliesse die Augen.
- Beobachte deine Atmung und folge mit deiner Aufmerksamkeit dem Ein und Aus deines Atems.
- Entspanne dich immer mehr und ziehe dich in deinen inneren Raum zurück und finde die Stille in dir.
- Lasse dich ganz in die Stille hinein sinken, tauche immer tiefer ein, bis alles in dir Stille und Frieden ist.
- Dein Raum der Stille füllt sich mit Licht, helles strahlendes Licht.
- Vor dir zeigt sich ein Portal aus noch viel hellerem Licht.
- Tauch ein in das Portal und lass dich in eine wunderschöne Licht-ebene ziehen, die Dimension der Engel.
- Verbinde dich mit dem Licht dieser Ebene, bis du selber dieses Licht bist.
- Lass dich tragen und fühl dich in dieser Lichtdimension willkommen.
- Wunderschöne, strahlende Engelwesen zeigen sich dir.
- Nimm dir Zeit den Engelwesen zu begegnen, lass dich von ihnen einhüllen und nimm die heilsame und liebevolle Energie in dir auf. Nimm dir so viel Zeit, wie du möchtest.

- Langsam ist es Zeit wieder in dein Körperbewusstsein zurück zu kommen. Lass dir die Zeit, die du brauchst und komm erfüllt von wunderbaren Energien zurück in dein Alltagsbewusstsein.
- Fühl dich wohl in deinem Körper und deinem Alltag.

Die Ebenen

Die Ebenen

Eine weitere spannende Einsicht der Geistigen Welt sind die Ebenen. Nach meinem Verständnis der Lichtwelt, gibt es keine Wertungen in der Geistigen Welt, sondern lediglich Attribute, Fähigkeiten und Wissen. Entsprechend dieser Eigenschaften bewegt sich die Lichtwelt, als vernetztes Miteinander.

Hier mein Versuch diese Form auf die menschliche Ebene des Verstehens zu bringen.

Die Lichtdimension besteht aus Ebenen oder Schichten, die ineinander fliessen und miteinander als grosses Ganzes funktionieren.

Die Ebenen haben keine Anordnung im menschlichen Sinn, kein nacheinander oder übereinander, sondern ein vernetztes ineinander.

Diese Sicht der Lichtwelt ist fokussiert von der Erdenebene aus. Möglicherweise zeigt sich die Lichtwelt aus der Sicht von anderen Dimensionen und Lebensformen völlig anders.

Die Ebenen

Die Ebenen	Wissen	Attribute	Bewusstseine
Ebene Gott	Urlicht	Reines Bewusstsein	Metatron
Ebene Wächter	Seraphim	Feuerengel und Portalwächter	Cherubin
Ebene Schöpfer	Elohim	Lichtschöpfer	Schöpferwesen
Ebene Lehrer	Elohim		Erzengel
Ebene Weisheit	Erzengel		Räte
Ebene Hüter	Drachenwesen		Aufgestiegene Meister
Ebene Herz	Engel		Lichtwesen der Natur
Ebene Erde	Elben	Herz der Erde Lichtdimension der Erde	Sandalphon

Das Geistige Team

Das Geistiges Team

Wir Menschen sind auf unserem Planeten Erde ein Teil der materiellen Welt. Unser Dasein beinhaltet die Erfahrung des Menschseins in all seinen Facetten, Schönheiten und Schwierigkeiten. Das ist unsere Aufgabe, wir machen die Erfahrung der Materie als Teil des Ganzen. Die Lichtwelt hat ihre Aufgaben und Erfahrungen in der Feinstofflichkeit. Beides fügt sich in eine gemeinsame Bewegung als Ganzheit zusammen, zu einem «Alles was ist».

Da der Grossteil der Lichtwelt keine Erfahrung in der Materie hat, begleiten sie uns aus ihrer feinstofflichen Ebene, um uns in unserem Menschsein zu unterstützen. Da wir Menschen in der dualen Form unseres Planeten mit der Polarität gefordert sind, sind die Lichtwesen an unserer Seite. Oft schon habe ich von Lichtwesen ihre Dankbarkeit wahrgenommen, dass wir uns bereiterklärt haben die Erfahrung in der Materie zu machen und so die Schöpfungsidee mit der Schwingung der Materie zu vervollständigen.

Wir Menschen sind begleitet und behütet von unserem Geistigen Team. Präsenzen der Lichtwelt aus verschiedenen Ebenen und mit unterschiedlichen Attributen und Möglichkeiten unterstützen uns auf dem Weg durch unsere jeweilige Inkarnation.

Für das bessere Verständnis versuche ich unser Geistiges Team in einer Stufung darzustellen, wobei ich mir sicher bin, dass alles ineinander oder besser miteinander verwoben ist.

Unser Geistiges Team

Die Geistführer

Unsere Geistführer sind eine Begleiter- oder Führerebene in unserem Team, die mit allem, was den jeweiligen Menschen betrifft, vernetzt und verbunden sind.

Geistführer können sich aus verschiedenen Ebenen in unserem Team einfinden.

Deutlich ist aber, dass sie immer aus Lichtdimensionen stammen, mit sehr hoher Schwingung.

Oft sind sie zuordenbar, wie Erzengel, Elohim, Engel, aufgestiegene Meister, Lichtwesen aus der Natur, sogar Drachenwesen, manchmal sind es aber auch Lichtwesen, die für uns nicht klar einzuordnen sind, da wir nur einen kleinen Teil der Lichtebene erfassen können.

Der Hüterengel

Der Hüterengel oder besser bekannt, als der Schutzengel ist eine Engelpräsenz, die uns von Anfang der Inkarnation bis zum Ende der Inkarnation begleitet. Er weicht nie von unserer Seite.

Seine Aufgabe ist es uns zu beschützen und zu begleiten.

Vielleicht kann man sich den Hüterengel auch als Bodyguard vorstellen, da er immer an unserer Seite ist.

Immer wieder machen wir die Erfahrung, dass bei kritischen Situationen eine energetische Hand dazwischen gehalten wird, ein Sturz glimpflich verläuft, eine Warnung in unseren Gedanken auftaucht - heute eine andere Strasse zu nehmen oder die Herdplatte auszuschalten. Ich denke, jeder von uns hat schon solche Momente erlebt und so die Erfahrung mit unseren Hüterengel gemacht.

Unsere Hüterengel sind für Kinder, vor allem Kleinkinder meistens sichtbar, da in dieser Zeit die Hellsinne noch sehr aktiv sind und so auch die Sichtigkeit der feinstofflichen Ebene vorhanden ist. Verwundert uns nicht manchmal ein Kleinkind, dass grundlos zu lächeln oder zu lachen beginnt? Hier ist mit Sicherheit der Hüterengel oder ein anderes Wesen aus der Lichtwelt anwesend.

Unser Hüterengel ist uns also sehr vertraut, auch wenn wir ihn mit dem älter werden oft nicht mehr wahrnehmen können.

Die Engelsgruppe

Die Engelsgruppe von 5 – 7 Engeln deckt unterschiedliche Themenberei-
che ab, die wir für die jeweilige Inkarnation gewählt haben und unterstützt
uns nach ihren Möglichkeiten.

Sie sind an unserer Seite und helfen uns mit Fürsorge, Vertrauen, Geborgenheit, Wahrheit und ähnlichem, unseren Lebensplan so gut als möglich
zu erfüllen.

Die Engelsgruppe   Der Hüterengel

Helfer und Begleiter

Unser Geistiges Team besteht nicht nur aus Geistführern und Engeln, wir haben auch viele Begleiter und Helfer in der Geistigen Welt, die da sind und versuchen uns mit ihren Möglichkeiten zu unterstützen.

Die Helfer und Begleiter sind an unserer Seite um, wie der Name sagt, uns zu helfen und zu begleiten. Sie sind in diversen Ebenen zu finden.

Lichtwesen

Erzengel

Drachenwesen

Engelwesen

Meisterenergien

Naturwesen – Feen, Elfen, Zwerge, Gnome, Einhörner, etc.

Krafttiere

Verstorbene Menschen

Verstorbene Tiere

Meditation - Sitting in the Power

- o Mache es dir an einem ungestörten Platz bequem und schliesse die Augen.
- o Beobachte einen Moment deine Atmung und ziehe dich immer mehr in deinen inneren Raum zurück.
- o Verbinde dich über das Wurzelchakra mit der Erde, spüre das getragen und behütet sein in Verbindung mit der Erde.
- o Verbinde dich über das Kronenchakra mit dem Licht und lass dich von der Geborgenheit des Lichts einholen.
- o Verbinde dich mit deinem 3. Chakra, dem Solarplexus. Öffne dein 3. Chakra.
- o In deinem Solarplexus zeigt sich ein kleines Licht, dein inneres Licht. Schenke deinem Licht deine Aufmerksamkeit und lass das Licht sich in deinem 3. Chakra ausdehnen, bis das Chakra strahlend hell ist.
- o Das Licht dehnt sich jetzt in deinem Körper aus und jede Zelle füllt sich mit deinem inneren Licht.
- o Weiter strömt das Licht in dein Energiefeld, lässt dein Energiefeld hell erstrahlen und sich immer weiter ausdehnen.
- o Fühl dich wohl in deinem eigenen Licht, dass in dir und um dich ist.
- o Weit weg im Universum kannst du ein noch viel helleres Licht erkennen, das Licht der Geistigen Welt.
- o Über dein geöffnetes Kronenchakra verlässt dein Bewusstsein deinen Körper und bewegt sich in Richtung zu dem hellen Licht der Geistigen Welt. Das Licht zieht dich an und je näher du kommst, umso heller und strahlender wird es.
- o Lass dich in das helle Licht hineinziehen und vor dir öffnet sich ein wunderschöner Lichttempel.

- Finde in diesem Lichttempel deinen Platz und fang an dich mit dem reinen strahlenden Licht der Lichtwelt zu verbinden. Das Licht der Lichtwelt verbindet sich mit dir und jede Zelle deines Körpers und deines Energiefelds nimmt das strahlende reine Licht auf, bis jede einzelne Zelle Licht ist.
- Du verbindest dich immer weiter mit dem Licht, fängst an dich aufzulösen, du bist Licht.
- Geniesse für eine Weile den Zustand der Unendlichkeit im Licht.
- Nach einiger Zeit spürst du, wie sich das Licht sanft von dir zurückzieht und du weisst, es ist Zeit den Lichttempel zu verlassen.
- Wie von selbst zieht es dich aus dem Lichttempel heraus und wieder in Richtung zu deinem Körper. Du kannst deinen Körper von oben sehen, du siehst dein geöffnetes Kronenchakra.
- Langsam beginnst du dich mit deinem Körper zu verbinden, über dein Kronenchakra sinkst du wieder in deinen Körper hinein und verankerst dich. Nimm die Energieveränderung wahr.
- Du bist in deinem Körper angekommen, dein eigenes Licht ist in dir und um dich. Du bist in Verbindung mit dem Licht der Lichtwelt.
- Geniesse noch für einen Moment die Geborgenheit des Lichts.
- Es ist Zeit für dich wieder zurück ins Hier und Jetzt zu kommen.
- Nimm ein zwei tiefe Atemzüge und komm wieder an in deinem Alltagsbewusstsein.
- Öffne in deiner Zeit deine Augen und fühl dich wohl und energiegeladen.

Die Drachenwesen

Drachenwesen

Drachenwesen sind wunderbare kraftvolle Lichtstrukturen, die sich seit einigen Jahren wieder auf dem Planeten Erde zeigen. Sie sind in Resonanz mit den alten Geschichten aus der Zeit der Druiden, die neben ihrem Heilwissen und magischen Tätigkeiten auch Drachenhüter waren. Doch ich gehe davon aus, dass die Drachenwesen Lichtstrukturen aus der Zeit von Anbeginn sind und das Uralte Wissen tragen.

Die Drachenenergien waren, wie auch die Welten der Naturwesen, lange Zeit vor den Menschen verborgen und haben sich erst mit der spirituellen Entwicklung unserer Zeit wieder für die Menschen geöffnet.

Die Drachenwesen beginnen in die Materie einzutauchen. Diese wunderschönen und kraftvollen Wesen kommen uns Menschen wieder näher.

Es ist eine Zeit der Wandlung, aber auch von grossen Umbrüchen und Schwierigkeiten auf dem Planeten Erde. Trotz vieler dunkler Energien wendet sich die Menschheit immer stärker und klarer der Geistigen Welt und dem kosmischen / spirituellen Wissen zu. Die Drachenreiter erwachen wieder. Und so öffnet sich das Portal der Drachen in die Materie.

Es sind Drachenwesen in vielen unterschiedlichen Formen und Aufgaben.

Kristalldrachen

Sie sind aus dem Licht geboren und tragen die Kraft der Lichtkristalle in sich, die das Urlicht mit der Urerde verbinden, die Kristalldrachen sind grosse Weise und Heiler. Ihr Wirken zeigt sich vor allem darin, die Menschenwesen mit dem Licht und der Urliebe zu verbinden und in diesem Zusammenhang Wissen und Heilung zu übermitteln.

Blaue Glitzerdrachen und Smaragddrachen

Sie sind die Behüter. Sie begleiten Menschen auf ihrem Lebensweg, sind in starker Verbindung mit dem Herzchakra des jeweiligen Menschen und öffnen den Menschen für die bedingungslose Liebe und die Güte.

Schwarze Drachen

Die schwarzen Drachen sind die Schattendrachen. Sie sind aus schwarzen Mineralien geboren, wie Turmalin und Shungit. Ihre kraftvolle Schutzenergie entspringt so der Erde und ist von reinstem Licht durchflutet.

Sie sind Wächter der Energien. Eine der vielen wunderbaren Kräfte der Schwarzen Drachen ist der Schutz vor negativen Energien und Belastungen.

Stellt sich ein schwarzer Drache ein, tauchen wir in Geborgenheit und Sicherheit ein.

Weisse Drachen

Sie sind die Träger der weiblichen und nährenden Kräfte. Sie sind die Hüter der Schöpfungsqualität in der Feinstofflichkeit, wie auch in der Materie.

Ihre klugen Augen drücken das UrWissen der Schöpfung aus. Ihre Begleitung ist verbunden mit grosser Gnade, die alles vergibt und mit der Allliebe verbindet.

Braune Drachen

Sie sind die Erddrachen, die für das Wohl der Natur sorgen.

Sie haben viel zu tun, da wir Menschen ihre Arbeit sehr oft boykottieren und in unserer Zerstörungsstruktur oft die Schönheit unseres Planeten Erde übersehen, oder diese Schönheit besitzen wollen.

Die Erddrachen werden von der Lichtpräsenz Sherin gehütet, die in ihrem Sein für Schönheit, die Gabe der Sinne und Leichtigkeit steht.

Elementdrachen

Viele Drachenwesen können den Elementen Wasser, Feuer, Erde und Luft zugeordnet werden, ihre Aufgabe besteht darin die Elemente, die für das Leben zuständig sind zu hüten und zu schöpfen. Sie zeigen sich in verschiedenen Formen und Grössen.

Da Drachen magische Wesen sind, sind sie von einem Zauber umgeben. Für uns Menschen ist die Begegnung mit einem Drachenwesen immer eine Faszination. Wenn uns erlaubt ist, in die Energie eines Drachenwesens einzutauchen, ist dies sehr berührend und sollte so auch immer von Dankbarkeit begleitet sein. Drachen zeigen sich immer dort, wo Entwicklung oder Hilfe benötigt wird und sie sich von uns Menschen willkommen wissen.

Meditation – Begegnung mit deinem Drachen

- Komm zur Ruhe an einem ungestörten Platz.
- Mit geschlossenen Augen lass dich in deine Innere Mitte, in deinen inneren Raum ziehen.
- Nimm für eine Weile wahr, wie du in deinem inneren Raum deine Atmung spürst, es ist wie eine Welle, die dich immer tiefer in das Zentrum deines inneren Raumes trägt.
- Dein innerer Raum füllt sich mit Licht.
- Nimm dir Zeit dieses Licht zu spüren.
- Es öffnet sich ein Portal in eine Ebene aus Licht und Magie.
- Tritt durch das Portal und lass dich in diese Ebene hineinziehen.
- Du kommst zu einer Lichtung, die in wunderschönen Farben und Lichtspielen erstrahlt.
- Vor dir zeigt sich ein Drachenwesen.
- Nimm dir Zeit den Drachen zu betrachten und mit ihm Kontakt aufzunehmen. Du bist dir bewusst, dass dies dein Drachenwesen ist.
- Erlaube der Energie des Drachen dich einzuhüllen.
- Du hast jetzt Zeit, mit deinem Drachen zu sein und zu kommunizieren.
- Nach einiger Zeit spürst du, dass es für dich Zeit ist, diese Ebene zu verlassen.
- Dein Drache begleitet dich zum Portal und verabschiedet sich dann von dir.
- Du weisst, dass du jederzeit auf diese Ebene zurückkehren kannst um deinen Drachen zu treffen.
- Es zieht dich durch das Portal und du bist wieder in deinem inneren Raum.

- In deinem inneren Raum spürst du die Liebe und die Energie deines Drachen.
- Verweile für einen Moment in deinem inneren Raum.
- Lass dich anschliessend in deiner Zeit wieder in dein Alltagsbewusstsein ziehen und spür deinen Körper wieder.
- Mit einigen tiefen Atemzügen komm wieder ganz ins Hier und Jetzt und öffne in deiner Zeit deine Augen.
- Geniesse den Tag, du bist umhüllt von der Energie deines Drachen.

Die Geistführer oder Spirit Guides

Der/Die Geistführer

Auf unserem Weg als Mensch sind wir von der Geistigen Welt begleitet.
Um unsere Aufgaben in der jeweiligen Inkarnation zu erfüllen und zu lösen, haben wir ein Team an unserer Seite, dass uns unterstützt, unser spirituelles Helferteam.
Dieses Team setzt sich aus Geistführern oder Guides, Lichtwesen, der Engelsgruppe, dem Hüterengel, Geisthelfern und Begleitern (Engeln, Lichtwesen, Elfen/Feen, Naturwesen, Medizintieren, Verstorbenen und anderen Wesenheiten, etc.) zusammen.

Wir werden auf unserem Lebensweg in der jeweiligen Inkarnation von mehreren Geistführern begleitet, es sind vermutlich zwischen 7 und 10 Geistführer.
Gleichzeitig betreut uns eine zusätzliche Führung durch das gesamte Projekt Mensch, also über alle Inkarnationen hinweg. Diese Ebene ist uns wenig vertraut, da sie eine übergeordnete Position hat und uns nicht direkt mit den Themen der Inkarnation begleitet.

Jede Lichtpräsenz in unserem Geistführerteam hat Eigenschaften und Attribute, die mit den Themen und Aufgaben in unserem Lebensplan kompatibel sind. In unserem Leben durchlaufen wir verschiedene Phasen der Entwicklung. Je nach Lebensphase oder speziellem Thema in unserem Leben ist immer der entsprechende Geistführer für uns zuständig, der uns mit seinen Eigenschaften und Möglichkeiten am besten unterstützen kann. Bildlich gesehen steht immer ein Guide im Vordergrund, unser «Ansprechpartner» und die anderen Führer begleiten uns im Hintergrund.

Nach meiner Erfahrung begleitet uns ein Geistführerteam durch eine ganze Inkarnation. Dieses Team ist an unseren Lebensplan für die jeweilige Inkarnation angepasst und unterstützt uns entsprechend unseres Plans.

In seltenen Fällen verändert sich ihre Anzahl und die Dauer des Zeitraums, den sie bei uns bleiben. Manchmal wird unser Geistführerteam um eine oder mehrere Präsenzen erweitert. Dieses Phänomen habe ich in der nahen Vergangenheit öfter beobachtet. Ich vermute, es ist unserem Zeitgeist geschuldet, da die Geistige Welt die Veränderungen auf unserem Planeten begleitet und unterstützt. Vor allem Drachenwesen tauchen immer wieder als neue Geistführer auf und erweitern das Geistführerteam.

Wer sind die Geistführer?

Geistführer sind in der Regel hochschwingende Präsenzen, wie z.B. Lichtwesen, Erzengel, Engelwesen, aufgestiegene Meister und Naturwesen des Lichts, Drachenwesen und Einhörner, die in der Lichtdimension ihre Heimat haben. Ihre hohe Schwingung befähigt sie mit allem was wir sind in Verbindung zu sein. Ein Lichtwesen in der Position des Geistführers kennt alle unsere Geschichten, alte Leben, Entwicklungen, Aufgaben und noch vieles mehr. Vermutlich werden wir Menschen nie ganz erfassen können, in welcher Form ein Lichtwesen uns Menschen erfassen kann und wie weitreichend die Möglichkeiten sind.
Die Begegnung mit den Geistführen ist immer wieder faszinierend und erhaben. Auch wenn wir nur einen kleinen Teil der Lichtstruktur wahrnehmen können, ist die Strahlkraft beeindruckend.

Lichtwesen, die uns begleiten sind voller Liebe und Güte mit uns Menschen und es ist für Lichtwesen nicht immer ganz einfach die Materie der Erde und unsere Schwere in der Materie in Verbindung mit der Dualität zu verstehen.

In den Welten des Lichts gibt es weder Raum noch Zeit und vieles, das für uns Menschen von grosser Wichtigkeit ist und unsere eigenen Dramen kreiert, ist auf der Ebene des Lichts weniger als ein Fingerschnipsen.

Die Aufgabe der Geistführer ist es, uns durch unser Leben zu begleiten und uns zu unterstützen unseren Lebensplan und unsere Aufgaben zu erfüllen. Unsere Führer sind vernetzt mit all unseren Leben, Erfahrungen, Aufgaben, kurz unserem Lebensbuch und unserer Akashachronik.
Sie wissen woher wir kommen und wohin wir gehen und versuchen so, uns zu führen.

Wenn Geistführer wechseln

Gibt es im Geistführerteam einen Positionswechsel, die Lichtpräsenz, die im Vordergrund ist, tritt in den Hintergrund und eine andere Präsenz übernimmt die Führung, kann dieser Geistführerwechsel für den Menschen sehr anspruchsvoll sein, da meistens auch eine verändernde oder einschneidende Lebenssituation zur selben Zeit passiert.
Es gibt keine Regel, wie lange ein Geistführer im Vordergrund ist. Dies ist abhängig von der Entwicklung und den gegenwärtigen Lebensthemen des Menschen.

Ich kann mich gut an meinen ersten bewussten Geistführerwechsel erinnern. Ich hatte eine sehr starke Beziehung zu meinem Geistführer aufgebaut. Er hat mich über viele Jahre in den Anfängen meines spirituellen Weges geführt und mit viel Geduld meine Schwierigkeiten und Lernversuche getragen. Er war mir mit seiner Anwesenheit so vertraut, als wäre er ein Teil von mir.

Bei seinem Rückzug in den Hintergrund ist in meinem Leben einiges aufgebrochen und hat sehr an meiner Stabilität gerüttelt, vor allem, da es eine sehr emotionale Erfahrung war, ähnlich wie der Verlust einer Liebe. Ich brauchte einige Zeit mich mit meiner neuen Geistigen Führung zurecht zu finden. Beruhigend war es schlussendlich, dass mein mir vertrauter Geistführer immer wieder auftauchte, wenn ich seine Hilfe brauchte. Da alle Lichtwesen zusammenarbeiten und untereinander verbunden sind, war sein immer wieder erscheinen, sicher bewusst gewählt.

Die Geistführer sind unsere Begleiter und nicht unsere Bestimmer. Sie wissen unseren Weg, sie zeigen uns unseren Weg, begleiten uns und versuchen uns auf unserem Weg zu halten, greifen aber nicht in unsere Entscheidungen ein. Es ist unsere Freiheit, wie und ob wir unseren Lebensplan erfüllen. Sie sind da, wenn wir sie um Hilfe und Führung bitten. Da unser Lebensplan unsere eigene Kreation ist, wir also selbstbestimmt sind, ist es ihre Aufgabe uns entsprechend zu führen. Sind wir in Schwierigkeiten haben wir die Möglichkeit unser Team um Hilfe zu bitten und ihnen die Erlaubnis dafür zu erteilen.
Sie werden nur mit unserer Erlaubnis und nach Aufforderung tätig und dies nur zum Wohle von uns und anderen.

Über Zeichen, Bilder, Träume, Symbole, hellhörige – hellsichtige Wahrnehmungen, Empfindungen, Gedankeneingaben usw. probieren sie mit uns zu kommunizieren und uns Antworten zu geben.
Es liegt an uns, diese Kommunikation zu verstehen und selbst mit ihnen Kontakt aufzunehmen.

Es wird nie passieren, dass die Geistige Welt nicht mit uns kommuniziert, es ist aber so, dass wir sie nicht immer verstehen und hören, unsere Kanäle nicht geöffnet sind, oder wir so in unserem Denken verhaftet sind, dass wir sie gar nicht hören wollen.

Die Stimmen der Geistführer haben immer eine zuversichtliche und positive Qualität. Eine Botschaft kann durch die innere Stille ankommen oder durch eine andere Person, der wir begegnen, die die Botschaft des Geistführers überbringt, ausspricht oder channelt.
Oft sind es „äussere" Zeichen und Symbole, Synchronizitäten oder Zufälle, über die wir „stolpern", aber schlussendlich die Antwort der Geistigen Führung enthält.
Die Geistführer sind immer bei uns, immer ansprechbar und hilfsbereit!

Kontakt mit deiner Geistigen Führung

Kontakt mit deiner Geistigen Führung

Um mit unserer Geistigen Führung und mit der Lichtwelt zu kommunizieren benötigt es Übung, und Training, sozusagen Beziehungsarbeit.
Je mehr vertrauen wir in uns und die Geistige Welt haben und je aktiver und geschulter unsere Wahrnehmungen sind, umso einfacher und klarer kann der Kontakt mit den Lichtpräsenzen gestaltet werden.

Üben und ausprobieren ist die Basis um die feinstofflichen Kanäle zu trainieren. Es hilft den «Empfang» immer genauer und deutlicher einzustellen. Du kannst dir den Kanal wie eine Antenne vorstellen, welche die Informationen empfängt und in fassbare Wellen übersetzt. Je genauer die Antenne eingestellt ist, umso klarere Schwingungen werden empfangen und die Botschaften und Informationen aus der Geistigen Welt werden treffender und detaillierter.

Als Impuls für dein Training findest du folgend ein paar Übungen.

Erster Schritt - Vertrauen aufbauen

Vertraue dir

- Setze dich am Morgen für ein paar Minuten an einen ungestörten Platz, schliesse deine Augen und komme mit 1 - 2 Atemzügen ganz in deine Mitte.
- Öffne dein Energiefeld und fühle in den Tag, der vor dir liegt.
- Stelle dir die Frage, wie der Tag wird, frage nach wichtigen Ereignissen oder auch nach der Grundstimmung vom Tag.
- Schreib dir alle Informationen auf.
- Am Abend überprüfe deine Notizen und finde heraus, was du alles richtig empfangen hast.

Erhältst du spontane Impulse über eine Situation, vertraue dieser Information und beobachte, ob deine Intuition richtig war.

Trainiere deine Wahrnehmung, indem du dir in deinem Alltag immer wieder einen Moment Zeit nimmst innezuhalten und die Energiequalität um dich herum spürst, Stimmungen wahrnimmst und den Ausgang von Ereignissen erkennen kannst.

Vertraue der Geistigen Welt

Kennst du die Erfahrung, dass du in einer Situation oder in der Begegnung mit einem Menschen einen Impuls bekommst, diesen aber durch eine vernünftige Reaktion oder Erklärung ersetzt und nachträglich bemerkst, dass der erste Impuls der Richtige war? Es ist das Gefühl die falsche Entscheidung getroffen zu haben.
Ich kenne dieses Verhalten von mir zur Genüge. Über viele Jahre trainiere ich mittlerweile den Informationen der Geistigen Welt volles Vertrauen zu schenken. Es entwickelt sich oder besser ich entwickle mich. Jedes Mal, wenn meine Ratio eine ungünstige Entscheidung trifft, lerne ich meinem Team und seiner Weisheit zu vertrauen. Es ist ein Gefühl von Sicherheit, zu Wissen nicht allein zu sein und getragen zu werden.

Ist es nicht auch so, dass wir sehr oft vergessen unsere Dankbarkeit für diese liebevolle Begleitung auszudrücken?

Übe immer wieder die Antworten deiner Geistigen Führung zu spüren und den Impulsen zu vertrauen.

Zweiter Schritt - Begegne deinem Geistführer

Um mit der Geistigen Führung zu kommunizieren, ist es wichtig, die Energie deines Geistführers zu erkennen.

Der Kanal der Kommunikation findet über das 5. Chakra statt, der beste Empfang ist über die Rückseite des 5. Chakras im Bereich des 7. Halswirbel.

Energieveränderung wahrnehmen

- Setze dich an einem ungestörten Platz bequem hin und schliesse deine Augen.
- Komm in deine Mitte und spüre die Ruhe und den Frieden in deinem inneren Raum.
- Fang an dein Energiefeld zu spüren und dehne es immer mehr aus.
- Konzentriere dich auf die Rückseite deines 5. Chakras und bitte deine Geistige Führung näher zu kommen. Spüre die Veränderung in deinem Energiefeld.
- Bitte jetzt deine Geistige Führung wieder zurückzutreten und beobachte auch hier die Veränderung in deinem Energiefeld.
- Wiederhole das Ganze einige Male bis die Veränderung für dich gut spürbar ist.
- Bedanke dich bei deinem Geistführer und bleib noch einige Atemzüge in der eigenen Energie und öffne dann deine Augen.

Die Visitenkarte des Geistführers

So wie wir materielle Lebewesen als Individuum zu erkennen sind, haben Lichtwesen einen Energieabdruck, eine spezielle Energiestruktur die sie für uns erfassbar macht. So können wir die uns begleitenden Lichtwesen und vor allem die Geistige Führung jederzeit erkennen.

- Komme wieder an einem ungestörten Platz zur Ruhe, schliesse deine Augen und ziehe dich in deine innere Mitte zurück.
- Dehne dein Energiefeld aus und fokussiere dich auf die Rückseite deines 5. Chakras.
- Bitte deinen Geistführer näher zu kommen und dir sein Erkennungszeichen zu zeigen. Dies kann ein Körpergefühl, eine energetische Wahrnehmung oder auch eine visuelle Information sein.
- Nimm den stärksten Eindruck wahr und merke dir diesen als Erkennungszeichen für deinen Geistführer.

Inspiriertes Schreiben

- Schalte alle Störfelder aus, setze dich mit Papier und Stift an einen Tisch.
- Schliesse einen Moment die Augen, komm zur Ruhe und öffne dein Energiefeld.
- Bitte deinen Geistführer um Informationen.
- Öffne deinen Geist und lass alle rationelle Kontrolle los.

- o Schreib alles auf ohne darüber nachzudenken. Während dem Schreiben kann das Gefühl entstehen, dass deine Schreibhand geführt wird, es sich manchmal so anfühlt als ob eine Hand in deiner Hand ist, die nicht zu dir gehört.
- o Anschliessend lies den Text durch, der von deinem Geistführer für dich übermittelt wurde.
- o Bedanke dich bei deiner Geistigen Führung.

Ein Tag mit deinem Geistführer

Nimm dir morgens kurz Zeit für eine kleine Meditation. Begegne in dieser Meditation deiner Geistigen Führung und bitte um die Erlaubnis, den ganzen Tag in bewusster Verbindung mit deiner Geistigen Führung zu sein. Während du in deinem Alltagsbewusstsein durch deinen Tag gehst, bleib konstant in Verbindung mit deinem Geistführer.

Beobachte dich selber, wann verlierst du den Kontakt, wann und wie lange kannst du ihn aufrechterhalten. Beobachte auch die Momente in denen Kommunikation zwischen deinem Geistführer und dir stattfindet. Je selbstverständlicher das "in Verbindung sein" gelingt, umso entspannter und deutlicher ist die Zusammenarbeit mit deiner Geistigen Führung.

Geistführer Tagebuch - Fragen beantworten

Trainierst du die Kommunikation mit dem Geistführer, ist es ratsam die erhaltenen Informationen aufzuschreiben. Am besten gelingt dies in Form eines Tagebuches.
Schreib dir deine Fragen und die erhaltenen Antworten oder auch intuitive Informationen auf, am besten mit Datum. So kannst du jederzeit die Kommunikation nachlesen und überprüfen.

Kommunikation am Abend –Dankbarkeit

Nimm dir am Abend Zeit an den vergangenen Tag zu denken. Mach dir bewusst in welchen Momenten deine Geistige Führung anwesend oder spürbar war.
Bedanke dich bei deiner Geistigen Führung und deinen Begleitern und Helfern.

Dritter Schritt - lerne dein Geistiges Team kennen

Unser Geistiges Team ist eine Vielfalt von Präsenzen, mit unterschiedlichen Aufgaben und Schwingungen. Es macht Spass, sie kennenzulernen und so auch vieles über uns selbst und unseren Lebensweg kennenzulernen.

Kennenlernmeditation

- Komme an einem ungestörten Platz zur Ruhe, entweder im Sitzen oder im Liegen.
- Entspanne deinen Körper und deinen Geist.
- Beobachte deine Atmung und werde mit jedem Atemzug entspannter.
- Ziehe dich in deinen inneren Raum zurück.
- Öffne deinen inneren Raum und lass Licht einfliessen.
- Lade nun dein Geistiges Team ein.
- Öffne deine Wahrnehmungskanäle und beginne die Anwesenheit der Lichtwesen und Jenseitigen wahrzunehmen.
- Vielleicht zeigt sich eine oder auch mehrere Präsenzen.
- Öffne dich für die Begegnung mit ihnen und lerne deine Begleiter kennen.
- Nach einer Weile bemerkst du, dass sich deine Begleiter langsam zurückziehen und du bist wieder alleine in deinem Inneren Raum.
- Geniesse noch für einen Moment das Licht in dir.
- In deiner Zeit komme wieder zurück in dein Alltagsbewusstsein, spüre deine Atmung und öffne langsam deine Augen.

Mache diese Meditation immer wieder, so wirst du vieles über dein Geistiges Team erfahren und eine gute Verbindung und Kommunikation zu ihnen aufbauen.

Beziehung aufbauen - Beziehungsarbeit

Unsere Verbindung zur Geistigen Welt ist menschlich ausgedrückt Beziehungsarbeit. Begegnen wir der Geistigen Welt, öffnen wir uns für sie und ihr Dasein, entstehen wunderbare Verbindungen. Es ist aber genauso wie auf der menschlichen Ebene, ignorieren wir sie, verlieren wir die Verbindung zur zu ihnen.

Die Zusammenarbeit mit der Geistigen Welt ist ein sehr erfüllender Weg im Umgang mit dem eigenen Leben. Es öffnen sich Tore und Dimensionen, die in der Entwicklung unseres Bewusstseins sehr hilfreich sind und gleichzeitig haben wir wunderbare Begleiter an unserer Seite, die uns beraten, entwickeln, schulen, beschützen und vieles mehr.

Unsere Aufgabe ist es, uns dafür zu öffnen und unsere Möglichkeiten zu trainieren, sodass Kommunikation stattfinden kann. Es hat keine Relevanz, ob wir mit hochschwingenden Lichtwesen oder mit Verstorbenen kommunizieren. Es ist immer unsere Offenheit, Bereitschaft und Training, die die Entwicklung der Wahrnehmung verfeinert und perfektioniert.

Die Geistige Welt nähert sich in ihren Möglichkeiten der Materie, um sich uns zu zeigen und zu kommunizieren, sie kommen der Materie näher und wir entwickeln uns in Richtung Licht, bis eine Begegnung stattfinden kann.

Meditation – Die Reise zum Geistführer

- Setze dich bequem hin und schliess die Augen.
- Spüre in deinen Körper hinein und löse alle Anspannungen.
- Beobachte deine Atmung, spür die Wellen des Ein und Ausatmens in deinem Körper und stelle dir vor, wie du mit jedem Ein und Aus immer mehr Spannung in deinem Körper loslässt und so immer mehr in deine Mitte kommst.
- Verbinde dich über dein Wurzelchakra und die Fusschakren mit der Erde.
- Sobald du gut verankert bist, stelle dir einen wunderschönen Platz in der Natur vor. Schau dir den Platz gut an, was gibt es dort alles, spüre den Platz mit all deinen Sinnen. Dann lauf in den Ort hinein, bis du weit weg von dir eine Stiege oder Leiter nach oben siehst.
- Geh zu dieser Stiege oder Leiter.
- Fang jetzt an Tritt für Tritt nach oben zu laufen/klettern, mache jeden Schritt ganz bewusst. Es geht weit nach oben, bis du irgendwann einen hellen Lichtnebel erkennen kannst, der das Ende der Stiege oder Leiter einhüllt.
- Du gehst weiter durch den Lichtnebel und befindest dich jetzt an einem sehr hellen Ort. Sieh dich um, wie der Ort aussieht und spüre, wie er sich anfühlt.
- Du wirst eine bequeme Sitzgelegenheit entdecken. Geh dorthin und mache es dir bequem.
- Du nimmst wahr, wie sich eine Gestalt oder Energieform nähert und auf dich zukommt.
- Du weisst es ist dein Geistführer, begrüsse ihn und nimm ihn in all seinen Facetten wahr.

- o Er wird sich zu dir setzen und dir Botschaften übermitteln. Du kannst ihm auch Fragen stellen oder ihn um etwas bitten. Er wird dir deine Fragen beantworten. Sei ganz offen, um wahrzunehmen, zu hören oder zu erfühlen, was er dir mitteilt.
- o Nimm dir solange Zeit, wie es sich für dich richtig anfühlt.
- o Ist eure Begegnung fertig, bedanke und verabschiede dich, vielleicht wird dein Geistführer dich noch umarmen oder dir noch etwas mit auf den Weg geben (Botschaft oder Symbol ...).
- o Ist dein Geistführer aus deiner Wahrnehmung verschwunden, stehe auf und verlass den Ort über demselben Weg, auf dem du hergekommen bist, bis du wieder an dem schönen Platz in der Natur angekommen bist.
- o Lass den Platz aus deiner Wahrnehmung verschwinden, spüre wieder deine Atmung und deinen Körper und öffne in deiner Zeit langsam die Augen.
- o Komm ganz zurück ins Hier und Jetzt.

Es benötigt etwas Übung mit dem Geistführer zu arbeiten. Am Anfang ist es schwierig zu unterscheiden, was kommt vom Geistführer und was sind meine eigenen Gedanken.

Es empfiehlt sich die Botschaften und Antworten des Geistführers aufzuschreiben, damit es überprüfbar wird, welche Aussagen vom Geistführer sind. Auch ist es spannend nachzulesen, welche Ereignisse eingetroffen sind.

Schutzraum mit Hilfe der Engel

Immer wieder geschieht es, dass wir mit negativen und belastenden Energien konfrontiert sind.

Mithilfe der Engel und Lichtwesen können wir uns von diesen Energien abschirmen.

- o Komme in deine innere Mitte.
- o Lass deinen Atem fliessen und werde ruhig und entspannt.
- o Ruf deinen Engel, Geistführer oder ein Lichtwesen aus deinem Team.
- o Bitte nun die Lichtpräsenz dein System zu reinigen und anschliessend einen Lichtschutz um dich zu ziehen.
- o Du kannst sehen oder spüren, wie ein Schutzraum um dich gezogen wird.
- o Bedanke dich und vertraue deinem Lichtteam, dass du nun vollkommen beschützt bist.

Wahrnehmen

Die Wahrnehmungsmöglichkeiten

Um eine stabile Verbindung zur Geistigen Welt zu leben, ist es wichtig unsere Wahrnehmung immer wieder zu trainieren und weiter zu entwickeln.

Dieser Abschnitt über das Wahrnehmen soll dir einen kleinen Überblick über die Möglichkeiten des Wahrnehmens übermitteln und dich motivieren deine Wahrnehmungsfähigkeit zu entwickeln.

Aktivieren und trainieren wir unser Hellsinne, entwickeln wir auch die Fähigkeit die Informationen zu Wissen.

Alle Lebewesen sind fühlende und wahrnehmende Wesen, in unterschiedlichen Möglichkeiten der Bewusstheit.

Betrachten wir die Tier- und Pflanzenwelt erfahren wir erstaunliche Möglichkeiten der Wahrnehmung und Reaktionen auf die jeweilige Wahrnehmung. Beide Welten haben ausgeprägte Sinne, die ihr Überleben sichern. Wir haben alle schon erlebt, wie Tiere auf positive oder negative Energie reagieren, ebenso die Pflanzenwelt.

Jede lebendige Materie, wie auch die sogenannte «tote» Materie, reagiert auf Schwingung. Schwingung, die aus Gedanken, Emotionen, Bewegung, Energie und vielem mehr entsteht. Jedes Element hat eine Schwingung und sendet die entsprechende Schwingung nach aussen.

Deutlich sichtbar wird diese Schwingung, wenn ein Wassertropfen in ein stehendes Gewässer fällt.

Der Tropfen ist Energie, die in Schwingung gerät und sich immer weiter ausbreitet.

Aus der Idee von der Gesetzmässigkeit der Schwingung, bringt der kleinste Wassertropfen das ganze Universum zum Schwingen, denn das ist schlussendlich Schöpfung.

Gehen wir zurück zum Thema wahrnehmen, geht es um nichts anderes, als Schwingung wahrzunehmen. Alles ist Energie, also ist auch alles Schwingung, die wir in einer bewussten oder intuitiven Form wahrnehmen.

Wahrnehmen heisst also, wir fühlen, sehen, wissen usw.

Sprechen wir vom Wahrnehmen, egal ob sensitiv oder medial, sind hier unsere Sinnesorgane gemeint. Sinnesorgane, die sich auf der körperlichen Ebene und gleichzeitig auf der feinstofflichen Ebene befinden.

Wir Menschen sind in den meisten Fällen sehr stark eingebunden in die materielle, alltägliche Wahrnehmung. Unsere Körpersinne, wie Augen, Ohren, Nase, Zunge und Haut sind die Hauptakteure der materiellen Wahrnehmung. Mit unseren 5 Sinnen nehmen wir die Aussenwelt oder besser die fassbare Welt wahr. Es ist uns vertraut, wie sehen, hören, riechen, schmecken und taktiles fühlen funktioniert.

Und doch ist die menschliche Form der Wahrnehmung äusserst vielfältig und nicht nur auf die Körpersinne beschränkt. Alles was wir mit unseren 5 Sinnen aufnehmen, wird in unserer inneren Welt weiterverarbeitet. Ein alltäglicher Ablauf, so vertraut, dass er automatisiert von unserem System ausgeführt wird. Und doch sind diese selbstverständlichen Abläufe vielschichtiger. Wenn wir den Blick von der Aussenwelt abwenden und nach innen richten, bemerken wir, dass alle Wahrnehmungen auch im Inneren funktionieren, unabhängig von der Aussenwelt. In der Innenwelt können wir auch eine Verbindung zu etwas sehr viel Grösserem entdecken, unsere Intuition, unsere Empathie, unsere Feinstofflichkeit, ebenso die Feinstofflichkeit der Welt im Aussen und die der Lichtwelt.

Diese Fähigkeit ist in jedem Menschen verankert, in unterschiedlichen Ausprägungen. Wir sprechen von den feinstofflichen Wahrnehmungskanälen, den Hellsinnen.
Mit den Hellsinnen ist es uns möglich, über die äussere Form hinaus zu schauen.

Manche Menschen haben sich die natürliche Gabe der Wahrnehmung erhalten und weit geöffnete Wahrnehmungskanäle. Viele Menschen haben durch Ereignisse und Lebensstrukturen die Wahrnehmungskanäle geschlossen oder reduziert und so die natürliche Gabe der Wahrnehmung blockiert. Betrachte ich meinen Werdegang, habe ich viele Jahre des Übens damit verbracht meine Kanäle zu öffnen, zu reinigen und zu aktivieren. Auch heute noch übe ich, um mich weiterzuentwickeln und den Kontakt zur Geistigen Welt zu verbessern.

Ist in uns der Herzensruf mit der Geistigen Welt in Kontakt zu sein, bedarf es gut trainierten und geöffneten Wahrnehmungskanälen und das Vertrauen in uns selbst, das was wir wahrnehmen, auch als wahr zu erkennen.

Wir können unser Potenzial der Wahrnehmung weiter entwickeln, indem wir die Ebenen der körperlichen und feinstofflichen Wahrnehmung immer mehr vernetzen und so einen harmonischen und balancierten Umgang mit den Wahrnehmungskanälen leben.

Folgend gebe ich dir ein paar kurze Informationen zu den Wahrneh-mungskanälen und Tipps zum Üben.
Übungen für das Wahrnehmungstraining gibt es viele, die folgenden Übungen sind also kleine Impulse.
Finde für dich weitere Übungen und Möglichkeiten deine Wahrnehmungs-kanäle zu trainieren.

Die Wahrnehmungskanäle

Hellsehen

Hellsehen ist die Fähigkeit nicht Materielles oder nicht Sichtbares zu sehen. Es ist die Wahrnehmung über unser drittes Auge. Diese Wahrnehmungsfähigkeit zeigt sich oft durch innere Bilder, Visionen, energetisch visuelle Eindrücke oder auch im Aussen das Sehen von Schatten, Energiestrukturen, bis hin zur realen Sicht der Feinstofflichkeit. Genau genommen sehen wir, was mit den physischen Augen nicht gesehen wird.

Um die Hellsichtigkeit zu aktivieren und zu entwickeln, ist es unumgänglich das Stirnchakra, unser drittes Auge zu öffnen und die Zirbeldrüse zu beleben. Das Stirnchakra und die Zirbeldrüse sind der Kanal der Hellsichtigkeit und der Intuition. Ihr Zusammenspiel bildet das 3. Auge. Diese Bereiche sind sehr sensibel und reagieren schnell mit Blockaden auf die Anforderungen der materiellen Welt, unseren Alltagsprogrammen, wie z. B. berufliche Leistung, rationelle Anforderungen, digitale Medien und noch vieles mehr.

Hellsichtigkeit ist eine wunderbare Fähigkeit, um in einem erweiterten Bewusstsein zu leben und gleichermassen in der materiellen, wie auch in der feinstofflichen Welt wahrzunehmen. Es öffnen sich viele Aspekte, die positiven Einfluss auf unser Sein und unseren Umgang mit uns und dem Aussen haben.

Übungen 1

- o Schliesse deine Augen.
- o Stelle dir vor deinem inneren Auge einen Ort oder Platz aus deiner Erinnerung vor, an dem du dich wohl fühlst.
- o Nimm einen Ausschnitt von diesem Ort und betrachte jedes Detail von diesem Abschnitt.
- o Danach überprüfe mit geöffneten Augen, ob du vor deinem inneren Auge alles richtig erfasst hast.

Diese Übung kannst du mit verschiedenen Orten und Plätzen machen. Als fortgeschrittenes Üben, versuche einen Ort zu erfassen, den du nicht kennst, hier ist es von Vorteil, wenn du in irgendeiner Form Rückmeldungen über das "Gesehene" einholen kannst.

Übung 2

- o Suche dir einen Platz in der Natur mit Blick auf einen Baum oder Strauch.
- o Schliesse für einen Moment die Augen und komme in deine innere Mitte.
- o Öffne deine Augen und versuche das Energiefeld des Baumes oder Strauches wahrzunehmen und versuche gleichzeitig Farben zu erkennen.
- o Fällt dir diese Übung mit offenen Augen schwer, kannst du diese Übung auch mit geschlossenen Augen machen.

Übung 3

- Ziehe dich zurück in deinen inneren Raum.
- Finde Ruhe und Entspannung.
- Öffne in deinem inneren Raum dein 3. Auge und lade ein Lichtwesen ein, sich dir zu zeigen.
- Betrachte nun das Lichtwesen, nimm alle Details wahr, die das Lichtwesen dir zeigt.
- Lass dir dabei Zeit um alle Informationen aufzunehmen.
- Erlaube nun dem Lichtwesen dir verschiedene Bilder von Situationen zu zeigen oder auch mit dir eine kleine Bilderreise zu machen.
- Ist die Zeit vorbei, zieht sich das Lichtwesen wieder zurück.
- Bedanke dich bei dem Lichtwesen für seine wertvolle Unterstützung.
- Bleibe noch einen Moment in deinem inneren Raum.
- In deiner Zeit komm dann wieder zurück in dein Alltagsbewusstsein und sei ganz im Hier und Jetzt.

Hellfühlen

Ist die Wahrnehmung über die Emotionsebene und die Körperebene. Empathische Informationen, die sich auf der Fühlebene zeigen und über die gefühlte Wahrnehmung Bilder, Situationen und Informationen übermitteln.

Hellfühlen ist die Fähigkeit Gefühle und Emotionen mit dem eigenen System, durch verschiedene Stufen der Empathie wahrzunehmen.

Diese Fähigkeit zeigt sich in der sensitiven Form durch empathische Wahrnehmungen von der Aussenwelt. Wir fühlen, wie es einem Menschen, einem Tier oder einer Pflanze geht. Aber auch in der medialen Form, indem wir Gefühle und Emotionen aus der feinstofflichen Ebene empfangen. Wir fühlen, wie es einem Jenseitigen geht oder welche Gefühle ein Lichtwesen übermittelt.

Das beste Werkzeug des Hellfühlens ist unser Energiefeld. Wir können uns das Energiefeld wie ein grosses, vielschichtiges Sensorium vorstellen.
Unser Energiefeld nimmt die Energiestruktur der Aussenwelt auf und geht in Resonanz. Dadurch empfangen wir klare Informationen, die sich anschliessend in eine Fühlwahrnehmung übersetzen.

Hellfühlen kann sich in diversen Formen zeigen, wie Empathie, Bilder erfühlen, Aurafühlen, Energien fühlen, etc.

Praktizieren wir bewusstes Hellfühlen, ist es wichtig sich der eigenen Gefühlswelt bewusst zu sein, da sich sonst das Eigene mit den empfangenen Informationen mischt und wir unklare Impulse erhalten.

Übung 1

- Stell dir eine Situation vor, in der du eine starke Emotion empfunden hast. Nimm wahr, wie sich diese Emotion in dir anfühlt. Achte auf dein Körperempfinden, deine Atmung, deine Gedanken. Fühle, was diese Emotion bei dir auslöst.

Du kannst diese Übung mit unterschiedlichen Situationen machen und so bewusst deine eigenen Reaktionen verstehen lernen und gleichzeitig das Fühlen im Aussen trainieren.

Übung 2

Diese Übung kannst du immer wieder machen, auch während deines Alltags.

Hier geht es um das bewusste Wahrnehmen von Orten und Situationen.

- Halte in deinem Alltag kurz inne, ein paar Sekunden und fühle, wie sich der Ort oder die jeweilige Situation anfühlt.
- Versuch wahrzunehmen, ohne zu bewerten.
- Gleichzeitig nimm wahr, wie du auf das Gefühlte reagierst.

Übung 3

- Nimm dir in deinem Alltag eine kurze Auszeit und zieh dich an einen ungestörten Platz zurück.
- Nimm wahr, wie es dir geht.
- Dann schliess deine Augen entspanne dich mit 1 – 2 Atemzügen.
- Bitte nun ein Lichtwesen, evtl. deinen Geistführer zu dir und lass dich von deiner Lichtpräsenz einhüllen. Fühle den lichtvollen und liebevollen Energiemantel um dich herum.
- Nach einiger Zeit öffne wieder die Augen.
- Nimm wahr, wie es dir jetzt geht.

Hellhören

Hellhören umfasst die innere Stimme bis zu deutlich hörbaren Informationen aus der feinstofflichen Ebene, aber auch telepathische Informationen von Lebewesen (Mensch, Tier, Natur).

Es ist die Fähigkeit die innere Stimme / das höhere Selbst und die Geistige Welt zu hören, die Fähigkeit auf der feinstofflichen oder energetischen Ebene zu hören. Dieser Sinn läuft über die energetischen Ohren, es fühlt sich an, als ob etwas oder jemand aus der Aussenwelt spricht, und dennoch unterscheidet es sich klar von Geräuschen, die tatsächlich über die Ohren aufgenommen werden.

Da es sich um einen sehr deutlichen und offensichtlichen Sinn handelt, können wir über diesen Sinn klare und eindeutige Informationen erhalten. Dieser Sinn bietet in Kombination mit den anderen Sinnen eine sehr differenzierte Wahrnehmungsmöglichkeit, da feinstoffliche Informationen gekoppelt mit Wort oder Klangimpulsen ein vielfältigeres Verstehen zulassen.

Übung 1

Hellhören heisst auch Kommunikation. Was höre ich und was hören meine feinstofflichen Ohren?

- Achte bei der Kommunikation auf DAS zwischen den Worten und versuche das nicht Ausgesprochene zu hören.

Übung 2

- o Setze dich an einem ungestörten Platz bequem hin.
- o Öffne deine feinstofflichen Ohren und versuche Geräusche zu hören, die von deinen Körperohren nicht erfasst werden können. Höre den Klang der Luft, oder Musik die weit weg von dir gespielt wird usw.
- o Lasse deine feinstofflichen Ohren herumschweifen.

Übung 3

- o Setze dich mit geschlossenen Augen hin.
- o Nimm Kontakt mit deinem Geistigen Team auf.
- o Öffne deine feinstofflichen Ohren.
- o Versuche die Lichtwesen zu hören.

Hellriechen und Hellschmecken

Hellriechen ist die Wahrnehmung von Gerüchen aus der feinstofflichen Ebene oder als energetischer Abdruck aus der Vergangenheit.

Hellschmecken ist die Wahrnehmung von Geschmacksinformationen aus der feinstofflichen Ebene oder als energetischer Abdruck aus der Vergangenheit.

Hellriechen und Hellschmecken sind Fähigkeiten auf der feinstofflichen Ebene um Geschmacksinformationen und Gerüche wahrzunehmen.
Sehr oft tauchen diese Informationen im Kontakt mit der Geistigen Welt auf.
Jenseitige zeigen sich über Geruchs- oder Geschmacksinformationen, als Erkennungsmerkmal und Erinnerung. Auch Lichtwesen zeigen sich manchmal begleitet von Geruchsinformation, die meistens lieblich und berührend sind.

Auch zeigen sich diese zwei Sinne, wenn Orte oder Situationen mit einem Geruch oder Geschmack in Resonanz stehen.
Lebewesen, wie Menschen, Tiere, Pflanzen können hellschmeckende und hellriechende Informationen übermitteln.

Übung 1

- o Versuche in deinem Alltag Gerüche und Geschmacksinformationen bewusst aufzunehmen.
- o Setze dich am Abend an einen ungestörten Platz.
- o Versuche nun die Gerüche und Geschmacksinformationen, die du tagsüber wahrgenommen hast wieder wahrzunehmen.

Übung 2

- o Gehe in Kontakt mit einem Lichtwesen aus deinem Team und versuche den Geruch dieses Lichtwesens wahrzunehmen.
- o Du kannst das Lichtwesen auch bitten, dir eine Geruchsinformation zu zeigen.

Hellwissen

Die Summe aller Wahrnehmungsmöglichkeiten, die sich im Kanal vom Hellwissen vereint und eine deutliche Information übermittelt.

Diese Fähigkeit ist sehr komplex, da sich alle Sinne zu einem einzigen Kanal vereinen. Es ist die hohe Kunst der feinstofflichen oder übersinnlichen Wahrnehmung.

Diese Fähigkeit zeigt sich meistens in der Form zu „wissen“, ohne zu wissen woher. Der vereinte Kanal ist befähigt Wissen zu absorbieren oder „herunterzuladen“ in dem Moment, indem die Informationen benötigt werden.

Für uns ist es wichtig zu wissen, dass die Aktivierung und das Training aller Hellsinne das Hellwissen ermöglicht.

Übung
- o Entspanne dich an einem ungestörten Ort.
- o Nimm deinen Körper und dein Energiefeld wahr.
- o Verbinde den Kopfbereich mit dem Herzchakra und lass beide Bereiche warm und weich werden, sodass du dir einen Moment der Leere erlaubst.

- o Öffne dein Energiefeld und dehne dich aus.
- o Lass helles Licht in dein Energiefeld strömen.
- o Hat sich jeder Teil deines Energiefeldes mit Licht gefüllt, verändere die Schwingung des Lichts.

- o Lass das Licht schneller und höher schwingen, bis das Licht sich in weisses, reines Licht wandelt.
- o Lass dich vom reinen weissen Licht durchströmen, bis jede Zelle Teil dieses wunderbaren Lichts ist.

- o Nimm dir Zeit in diesem Licht zu sein.
- o Komme dann in deinem Tempo wieder zurück in dein Alltagsbewusstsein mit dem Wissen, du bist Licht.

Während ich die letzten Zeilen dieses Buches verfasste, erhielt ich eine Durchsage von Erzengel Azrael, die ich euch nicht vorenthalten möchte.
Es wird vieles vom Inhalt des Buches in dieser Durchsage bestätigt, aber auch spannende Erkenntnisse mitgeteilt.
Die Energie dieser Durchsage ist streng und liebevoll gleichzeitig. Vielleicht ein kleiner Weckruf, über unser Sein als Menschen nachzudenken.

In Liebe seid gegrüsst, aus der Ebene des Lichts der Ebene der Hüter. Ich bin Azrael.

Gross ist eure Suche, zu verstehen, wie das Immaterielle funktioniert und zu erkennen dies in die Materie einzubauen. Doch wir Wesen des Lichts in allen Formen bewegen uns auf Ebenen, die ihr aus eurer Dimension nicht erfassen könnt. Es ist unser Bemühen euch zu begegnen, um euch zu lehren und zu unterstützen.

Gross ist euer Ansinnen, «All» zu besitzen, doch klein ist der Geist, der in euch wohnt. Es ist nicht das Ziel der Schöpfung zu besitzen, es geht um den Sinn, der Liebe ist. Der Plan der Schöpfung ist die unendliche Zirkulation von Lichtenergie, die aus unserer Sicht Ganzheit ist. Schöpfung hat nichts mit dem Geist der linearen Welt zu tun, in der ihr an Götter und Autoritäten glaubt.

Schöpfung ist Bewegung, in der Neues entsteht und Altes dem neuen Platz macht, indem es in Auflösung oder Erlösung geht. Es ist eine gemeinsame Bewegung, die keiner Wertung bedarf.

Es ist ein kosmisches Prinzip, dass ununterbrochen Licht kreiert und in die Schönheit von überdimensionaler Schwingung einfliessen lässt.

Dieses Prinzip sind auch wir. Die Welten des Lichts sind eine gemeinsame Bewegung und jedes Lichtsystem hat eine eigene Schwingung, die sich zum grossen Ganzen verbindet. Das wir als individuelle Wesen zu euch sprechen ist nicht unsere Essenz, es ist unser liebevoller Versuch euch zu begegnen, ihr, die ihr an die materielle Welt gebunden seid. Die unendliche Liebe von Allem was ist begegnet euch und uns in jedem Moment der Bewegung zu euch Menschen. Ihr seid geliebt von uns.

Die Schwere, die euch umgibt, verhindert so oft, dass ihr diese Liebe spüren könnt.

Ihr seid denkende Wesen, so nützt dieses Attribut um zu wissen, dass wir an eurer Seite sind. Und wenn ihr wisst, werdet ihr dies auch fühlen. So wird sich die Schwere zurückziehen und euer wunderbares Licht wird strahlen.

Schenkt euer Licht hinaus zu den anderen Menschen, hinaus zu eurem Planeten, der über jeden Funken Licht und Liebe glücklich ist.

Es ist die Verfügung des Da–Seins. Ihr als Mensch inmitten von anderen materiellen Lebensformen, inmitten im Licht, behütet von Lichtsystemen. Ihr habt es vergessen.

Unsere gemeinsame Bewegung, die Materie mit Licht verbindet und so immer wieder neue Lichtsonnen schöpft, die dem Urlicht gleichen. So gibt es schlussendlich kein individuelles Sein, sondern nur eine gemeinsame Bewegung, die alles mit allem verbindet. Auch wenn ihr Menschenwesen darauf beharrt und dies euer Wissen ist, dass ihr der dualen Welt verpflichtet seid, habt ihr die Möglichkeit diese Realität zu erlösen.

Und doch sind wir sehr dankbar, dass ihr eure Realität zum Wohle des ganzen Seins aufrechterhaltet. Es werden sich Zeiten zeigen, da ihr diese Realität loslassen und ins Licht heimkehren werdet.

Und doch, es werden immer wieder neue materielle Formen geschöpft, damit die Bewegung ihren Lauf nimmt.

So ist es die Zeit, da wir Lichtwesen euch Menschen behüten und begleiten mit unserem Wissen und unserer Liebe. Ihr seid von uns unermesslich geliebt.

Aus der Ebene des Lichts   Azrael

Nun kommen wir zum Schluss dieses Buches, das euch, so hoffe ich, einen kleinen Einblick in die Komplexität der Lichtwelt und der Schöpfung vermitteln konnte.

Es ist die Heimat des Lichts, die uns Menschen in unserer Herzqualität wachsen lässt und so eine Liebe in uns entstehen darf, die frei von Wertung und Ansprüchen ist, die Liebe für „Alles was ist". Dazu gehört auch die Liebe zu unserem Planeten Erde. Es geht nicht darum in einer abgehobenen Form die Erleuchtung zu suchen und dabei das Wesentliche zu vergessen. Wir Menschen haben gewählt in der Materie zu sein und uns auf dieser Ebene zu entwickeln. Also ist der Weg den Frieden mit der Materie, dem Menschsein zu finden und dadurch den Weg zurück ins Licht zu öffnen. Ich denke, das Geheimnis der Ganzheit ist es, da wo wir sind, zu sein und das Beste und Liebevollste zu geben, um uns zum Wohle von Allem zu entwickeln.
Der Zyklus der Menschenzeit ist es alle Menscherfahrungen zu erleben, um schliesslich diese Erfahrungen zu erlösen und wieder den Weg nach Hause ins Licht zu gehen.

Von Herzen   Claudia

Ein kleines Märchen

Es war einmal vor Äonen von Jahren ein kleiner leuchtender Stern. Mitten unter vielen anderen Sternen hatte er seinen Platz in der unendlichen dunklen Weite des Universums. Er war ein glücklicher Stern. Wenn er besonders glücklich war, dann leuchtete er blau und man konnte sehen, dass der kleine Stern ein Wasserstern war.

Es geschah immer wieder, dass lichtvolle Wesen durch das Universum schwebten und ab und zu wurde ein Stern für eine besondere Aufgabe ausgewählt, die aber streng geheim war.
Der kleine Stern wünschte es sich sehr, dass die lichtvollen Wesen ihn auswählten, aber sie schwebten immer an ihm vorbei. Das machte den kleinen Stern dann sehr traurig und in diesen Momenten erlosch sein Leuchten.

Es vergingen viele Zeiten. Die lichtvollen Wesen schwebten wieder durch das Universum. Und dann geschah es, der kleine Stern wurde ausgewählt für eine besonders grosse Aufgabe. Er erhielt den Namen «Erde» und wurde ausgewählt die Heimat von vielen Lebewesen zu werden. Unter diesen Lebewesen gab es aber eine Spezies die lernen musste lichtvoll zu sein. Und so erhielt der kleine Stern die Aufgabe dieser Spezies, die den Namen «Mensch» erhielt, beizubringen zu leuchten. Seine Belohnung dafür wäre, ein neues grösseres Licht zu sein.
Der Stern Erde wusste nicht, wie schwer diese Aufgabe werden sollte.

Viele Jahrtausende von Jahren vergingen und die Menschen machten dem Stern und auch seinen anderen Bewohnern das Leben schwer. Sie fingen an den Stern zu zerstören und freuten sich über jeden Teil, den sie vom Stern zerstört hatten.

Es kamen immer wieder lichtvolle Wesen um dem Stern zu helfen und gute Energie zu den Menschen zu bringen. Oft war der Stern überfordert und wollte aufgeben. Er konnte die Menschen nicht dazu bringen mit ihrem Tun aufzuhören.

Immer mehr lichtvolle Wesen wandten sich der Erde zu und schliesslich geschahen viele kleine Wunder. Einzelne Menschen fingen an zuzuhören.

Das machte dem kleinen Stern Mut und er fing wieder an sein Leuchten zu den Menschen zu schicken. Viele lichtvolle Wesen umarmten den kleinen Stern und halfen ihm zu leuchten. Da gab es plötzlich Menschen, die anfingen die lichtvollen Wesen zu sehen und zu hören, sie hörten auch den kleinen Stern. Diese Menschen erzählten anderen Menschen was sie sahen und hörten. Immer mehr Menschen fingen an zu verstehen, dass es darum geht, zu leuchten und sie halfen dem kleinen Stern sein Leuchten wieder zu finden.

Der kleine Stern Erde bekam wieder Hoffnung, dass er es vielleicht doch noch schaffen konnte, die Aufgabe zu erfüllen und die Menschen zum Leuchten zu bringen. Mutig ging er seiner Aufgabe nach und mit Hilfe der lichtvollen Wesen gab er Tag für Tag sein Bestes, um das Licht zu den Menschen zu bringen.

Ob der kleine Stern und die lichtvollen Wesen es geschafft haben, weiss niemand ………

Danke

Danke an alle Menschen, die mich auf meinem Weg unterstützt und so dieses Buch möglich gemacht haben.

Danke für:

Bild / Buchcover   Barbara Züger   barbarazuegerart.ch

Lektorat   Michael Ludwig   designintention.ch

Ein grosses Dankeschön an die Geistigen Welt für die vielen Impulse und Hilfestellungen für dieses Buch.

Claudia Petter
www.lightpower.ch
claudia.petter@bluewin.ch

I want morebooks!

Buy your books fast and straightforward online - at one of world's fastest growing online book stores! Environmentally sound due to Print-on-Demand technologies.

Buy your books online at
www.morebooks.shop

Kaufen Sie Ihre Bücher schnell und unkompliziert online – auf einer der am schnellsten wachsenden Buchhandelsplattformen weltweit! Dank Print-On-Demand umwelt- und ressourcenschonend produziert.

Bücher schneller online kaufen
www.morebooks.shop

info@omniscriptum.com
www.omniscriptum.com

Printed by Books on Demand GmbH, Norderstedt / Germany